Construção de
equipes de alto
desempenho

Central de Qualidade — FGV Management
ouvidoria@fgv.br

SÉRIE GESTÃO DE PESSOAS

Construção de equipes de alto desempenho

Ana Ligia Nunes Finamor
Flavio Rodrigues Costa
Marco Antonio Fernandes Cardoso
Neisa Maria Martins da Cunha

Copyright © 2015 Ana Ligia Nunes Finamor, Flavio Rodrigues Costa, Marco Antonio Fernandes Cardoso, Neisa Maria Martins da Cunha

Direitos desta edição reservados à
EDITORA FGV
Rua Jornalista Orlando Dantas, 37
22231-010 — Rio de Janeiro, RJ — Brasil
Tels.: 0800-021-7777 — 21-3799-4427
Fax: 21-3799-4430
editora@fgv.br — pedidoseditora@fgv.br
www.fgv.br/editora

Impresso no Brasil / Printed in Brazil

Todos os direitos reservados. A reprodução não autorizada desta publicação, no todo ou em parte, constitui violação do copyright (Lei nº 9.610/98).

Os conceitos emitidos neste livro são de inteira responsabilidade dos autores.

1ª edição — 2015

Preparação de originais: Sandra Frank
Editoração eletrônica: FA Studio
Revisão: Fatima Caroni
Capa: aspecto:design
Ilustração de capa: Felipe A. de Souza

>
> Finamor, Ana Ligia Nunes
>   Construção de equipes de alto desempenho / Ana Ligia Nunes Finamor... [et al.]. — Rio de Janeiro : FGV Editora, 2015.
>   168 p. — (Gestão de pessoas (FGV Management))
>
>   Em colaboração com Flavio Rodrigues Costa, Marco Antonio Fernandes Cardoso, Neisa Maria Martins da Cunha.
>
>   Publicações FGV Management.
>   Inclui bibliografia.
>   ISBN: 978-85-225-1772-5
>
>   1. Grupos de trabalho. 2. Soluções de problemas em grupo. I. Costa, Flavio Rodrigues. II. Cardoso, Marco Antonio Fernandes. III. Cunha, Neisa Maria Martins da. IV. FGV Management. V. Fundação Getulio Vargas. VI. Título. VII. Série.
>
>   CDD — 658.4036

Aos nossos alunos e aos nossos colegas docentes, que nos levam a pensar e repensar nossas práticas.

Sumário

Apresentação 9

Introdução 13

1 | Trabalho em equipe 15

Características das equipes 16
Tipos de equipes 21
Componentes necessários para o trabalho em equipe 29
Trabalho em equipe como vantagem competitiva 36

2 | Equipes de alto desempenho (EADs) 45

Uma definição para equipes de alto desempenho 46
Desafios para construção de equipes de alto
desempenho 53
Competências de um líder de equipes de alto
desempenho 60
Competências dos membros de equipes de alto
desempenho 65

3 | Gestão de equipes de alto desempenho 75

Identificação e definição dos membros de equipes de alto desempenho: a importância da diversidade 76

Definição de objetivos e papéis dos membros da equipe 82

Criação de sinergia e confiança entre os membros da equipe: motivação, comprometimento e *empowerment* 100

4 | Estratégias de desenvolvimento de equipes de alto desempenho 111

Comunicação eficaz e *feedback* 112

Barreiras e facilitadores da comunicação 119

Team building 126

Plano de ação para a melhoria do desempenho de equipe 133

Indicadores para o monitoramento de resultados 142

Conclusão 151

Referências 155

Os autores 163

Apresentação

Este livro compõe as Publicações FGV Management, programa de educação continuada da Fundação Getulio Vargas (FGV).

A FGV é uma instituição de direito privado, com mais de meio século de existência, gerando conhecimento por meio da pesquisa, transmitindo informações e formando habilidades por meio da educação, prestando assistência técnica às organizações e contribuindo para um Brasil sustentável e competitivo no cenário internacional.

A estrutura acadêmica da FGV é composta por nove escolas e institutos, a saber: Escola Brasileira de Administração Pública e de Empresas (Ebape), dirigida pelo professor Flavio Carvalho de Vasconcelos; Escola de Administração de Empresas de São Paulo (Eaesp), dirigida pelo professor Luiz Artur Ledur Brito; Escola de Pós-Graduação em Economia (EPGE), dirigida pelo professor Rubens Penha Cysne; Centro de Pesquisa e Documentação de História Contemporânea do Brasil (Cpdoc), dirigido pelo professor Celso Castro; Escola de Direito de São Paulo (Direito GV), dirigida pelo professor Oscar Vilhena Vieira; Escola de Direito do Rio de Janeiro (Direito Rio), dirigida pelo professor Joaquim

Falcão; Escola de Economia de São Paulo (Eesp), dirigida pelo professor Yoshiaki Nakano; Instituto Brasileiro de Economia (Ibre), dirigido pelo professor Luiz Guilherme Schymura de Oliveira; e Escola de Matemática Aplicada (Emap), dirigida pela professora Maria Izabel Tavares Gramacho. São diversas unidades com a marca FGV, trabalhando com a mesma filosofia: gerar e disseminar o conhecimento pelo país.

Dentro de suas áreas específicas de conhecimento, cada escola é responsável pela criação e elaboração dos cursos oferecidos pelo Instituto de Desenvolvimento Educacional (IDE), criado em 2003, com o objetivo de coordenar e gerenciar uma rede de distribuição única para os produtos e serviços educacionais produzidos pela FGV, por meio de suas escolas. Dirigido pelo professor Rubens Mario Alberto Wachholz, o IDE conta com a Direção de Gestão Acadêmica pela professora Maria Alice da Justa Lemos, com a Direção da Rede Management pelo professor Silvio Roberto Badenes de Gouvea, com a Direção dos Cursos Corporativos pelo professor Luiz Ernesto Migliora, com a Direção dos Núcleos MGM Brasília, Rio de Janeiro e São Paulo pelo professor Paulo Mattos de Lemos, com a Direção das Soluções Educacionais pela professora Mary Kimiko Magalhães Guimarães Murashima e com a Direção dos Serviços Compartilhados pelo professor Gerson Lachtermacher. O IDE engloba o programa FGV Management e sua rede conveniada, distribuída em todo o país e, por meio de seus programas, desenvolve soluções em educação presencial e a distância e em treinamento corporativo customizado, prestando apoio efetivo à rede FGV, de acordo com os padrões de excelência da instituição.

Este livro representa mais um esforço da FGV em socializar seu aprendizado e suas conquistas. Ele é escrito por professores do FGV Management, profissionais de reconhecida competência acadêmica e prática, o que torna possível atender às demandas do mercado, tendo como suporte sólida fundamentação teórica.

A FGV espera, com mais essa iniciativa, oferecer a estudantes, gestores, técnicos e a todos aqueles que têm internalizado o conceito de educação continuada, tão relevante na era do conhecimento na qual se vive, insumos que, agregados às suas práticas, possam contribuir para sua especialização, atualização e aperfeiçoamento.

Rubens Mario Alberto Wachholz
Diretor do Instituto de Desenvolvimento Educacional

Sylvia Constant Vergara
Coordenadora das Publicações FGV Management

Introdução

O livro que você está começando a ler é sobre a construção de equipes de alto desempenho, um tema que nos remete à importância do trabalho em equipe e tudo que isso envolve para produzir resultados promissores e competitivos, levando a empresa a níveis de destaque, excelência e sustentabilidade corporativa. Desenvolver equipes de alto desempenho é um desafio constante, pois envolve uma série de fatores dinâmicos e inter-relacionados, como: comunicação, percepção, *feedback*, diversidade, competências e motivação, entre outros. O assunto é motivante, e a superação é sempre o foco para quem busca algo mais e tem determinação para isso.

O objetivo dos autores é mostrar como podemos melhorar a performance das organizações por meio de equipes coesas, maduras, que apresentam um alto desempenho. Para isso, adotamos uma maneira de abordar o tema partindo de uma visão mais abrangente para uma mais específica, ou seja, tratando de equipes de forma geral, seguindo para as de alto desempenho, direcionando a discussão para a gestão e, por fim, focando nas estratégias de desenvolvimento e avaliação.

Caro leitor, este livro está estruturado em quatro capítulos. Iniciamos apresentando em que consiste o trabalho em equipe, abordamos as características e tipos de equipe, discorremos sobre as condições necessárias para o trabalho em equipe e como podemos transformá-lo em vantagem competitiva. No segundo capítulo abordamos mais diretamente as equipes de alto desempenho, passando pelo seu conceito, desafios inerentes e competências de seus integrantes. Já no terceiro capítulo, que tem o foco em gestão, tratamos do tema da diversidade, identificação de papéis na equipe e como podemos influenciar a motivação dos empregados, conquistar comprometimento e utilizar o *empowerment* para estimular a confiança e a sinergia da equipe.

Após compreender o que é o trabalho em equipe, as equipes de alto desempenho e a relevância da gestão nesse sentido, é importante conhecer e dominar as estratégias de ação e acompanhamento das mesmas, tópico abordado no quarto e último capítulo. Estimulamos a reflexão sobre o processo de comunicação, enfatizando suas barreiras e facilitadores, bem como o *feedback* como forma de desenvolvimento nas equipes. Fechamos esta obra com a explanação sobre *team building*, plano de ação e indicadores de performance para acompanhamento de resultados.

Por fim, na conclusão, resgatamos os aspectos aqui compartilhados de maior relevância para o alcance do nosso objetivo primordial, que é a construção de equipes de alto desempenho. Na conclusão nos sentimos à vontade para expor nossos sentimentos e considerações sobre o tema, tão importante para organizações que almejam muito mais em termos de resultados, que trabalham e investem em pessoas e equipes para superar expectativas constantemente.

1

Trabalho em equipe

Caro leitor, estamos iniciando uma jornada muito importante para todos nós, que vivemos em equipes. Muitos autores já escreveram sobre esse tema. Aqui nos propomos a rever ideias e agregar nossa percepção e contribuição a esse assunto tão importante, que nos leva a refletir sobre a convivência humana em equipes.

Há quase meio século, o uso de equipes em empresas era raro. Nos tempos atuais, o panorama é inverso: as equipes se tornaram essenciais no modo de atuar das empresas globalizadas. Segundo Robbins (2011:119): "Cerca de 80 por cento das empresas atualmente listadas entre as 500 da revista *Fortune* adotam o sistema de equipes de trabalho. Como explicar que as equipes sejam tão adotadas?".

Tentando elucidar essa mudança de cenário, as evidências nos levam a crer que, quando as tarefas a serem realizadas são mais complexas, exigindo diversas competências, o trabalho de uma equipe responde muito melhor que a atuação individual.

Nossa proposta para este capítulo é aprofundar as questões que definem as características das equipes, os tipos de equipes, as condições necessárias e as vantagens competitivas para o trabalho de equipe.

Características das equipes

Antes de refletirmos sobre os pontos principais que determinam as características das equipes, se faz necessário compreender que o percurso até o *status* de equipe é composto de algumas etapas. Inicia-se com uma reunião de pessoas que, por meio do desejo de ficar juntas, alcançam a configuração de grupo, identificadas pela busca de um objetivo comum.

Para ilustrar esta passagem do *status* de reunião de pessoas a grupo, imaginemos um ônibus superlotado em que os passageiros possuem destinos e intenções diferentes. Alguns retornam ao lar após um dia de trabalho, outros vão iniciar sua jornada noturna, há aqueles que se deslocam para algum encontro e outros para atividades de lazer. Enfim, são pessoas reunidas com diferentes propósitos e objetivos.

Entretanto, em determinado ponto do trajeto, ocorre algo inusitado: um dos passageiros se engasga com um chiclete e começa a tossir e se debater incessantemente com falta de ar. A partir de então ocorre uma transformação na relação dessas pessoas. Alguns passageiros saem do ônibus apavorados. Os que permanecem, buscam ajuda para resolver o problema. Nesse momento começam a surgir questões de liderança, conflitos, confrontações, até que aparece um líder com conhecimento e atitude para solucionar a questão, com a necessária cooperação dos demais. Aqui já podemos perceber a configuração de um grupo.

Dentro do ambiente organizacional, cabe ao gestor orientar os participantes para que divergências sejam resolvidas, e assim o grupo se transforme em equipe. O que caracteriza uma equipe, além do objetivo em comum, é a cumplicidade, a divisão de tarefas com a ajuda mútua entre os participantes, a troca de informações sobre experiências, privilegiando os resultados e a melhoria do desempenho, sendo todos corresponsáveis pelo trabalho concluído.

Com o amadurecimento das relações interpessoais e o aumento da capacidade de resolução de problemas em conjunto, a equipe seguirá seu caminho evolutivo até o *status* de equipe de alto desempenho (EAD).

Enfim, entendemos por equipe um conjunto de pessoas com habilidades que se integram em uma mesma atividade, comprometidas entre si, com propósitos e objetivo em comum e engajadas no propósito de alcançá-los com qualidade no seu desempenho.

> Que motivos levam uma empresa a optar pela formação de equipes?

Para se adaptarem ao aumento de competitividade no mercado, as empresas perceberam a necessidade de se reinventar e encontraram nas equipes uma forma de desenvolver e aproveitar melhor os potenciais de seus empregados. A flexibilidade para se criar, reestruturar e desfazer uma equipe é infinitamente maior, se compararmos à estrutura de um setor ou departamento dentro de uma organização. Além disso, as equipes conseguem responder melhor às inovações e propostas de mudança.

Outra vantagem de se trabalhar com equipes é que seus integrantes se motivam mais facilmente do que indivíduos isolados, visto que ocorre uma solicitação maior de participação e esta se traduz num maior envolvimento com as tarefas. Podemos ilustrar com o exemplo a seguir: alguns funcionários de uma indústria de café, que no seu cotidiano lidam com diversas espécies de grãos e entendem a mistura e o tempo de torrefação necessários para fazer os diferentes tipos de café moído, são convidados a participar de uma equipe de vendas que visitará diversos clientes. Nos encontros com os clientes, pode-se perceber que o profundo conhecimento que possuem do produto facilita a venda e proporciona um maior envolvimento deles com esta tarefa. Mais do que isso: demonstram novas condutas que, em alguns momentos, os tornam mais eficientes que os vendedores de carreira dessa equipe.

Essa estratégia aumentou a motivação dos funcionários devido à democratização da organização, que deu voz à estrutura de base e permitiu a transmissão de conhecimento dos funcionários da torrefação aos clientes.

Para Robbins (2011), o esforço coordenado de uma equipe resulta em sinergia positiva. O todo é maior do que a soma das partes. Ou seja: contribuições individuais integradas resultam em um desempenho maior do que a atividade de um participante trabalhando isoladamente. Esse melhor desempenho é alvo de todos os gestores. Além disso, a opção por equipes eleva o desempenho sem aumentar custos, o que é desejo de qualquer organização num mercado competitivo.

Identificaremos as principais características das equipes, inspiradas nos estudos de Robbins, DeCenzo e Wolter (2013:140), a seguir apresentados.

❏ *Tamanho pequeno* – Segundo esses autores: "As melhores equipes tendem a ser pequenas". Equipes grandes podem encontrar dificuldades na resolução de tarefas, na relação entre os membros e na sinergia, o que fatalmente impactará a realização do trabalho. O ideal é que não se ultrapasse o número de 10 pessoas por equipe. Se o projeto necessitar de um número maior de participantes, recomenda-se que eles sejam subdivididos em equipes menores.

❏ *Habilidades complementares* – As equipes, para atingir seu melhor resultado, necessitam de participantes com habilidades distintas, e a mistura equilibrada dessas habilidades é essencial para o desempenho que precisam apresentar. Vejamos a seguir:

- ❑ conhecimento técnico: capacitação técnica adequada ao trabalho que precisa ser realizado;
- ❑ habilidades para solução e decisão: competências para perceber problemas, criar opções de solução, ponderar essas opções e decidir de forma adequada;
- ❑ habilidades interpessoais: aptidão para lidar com pessoas, saber escutá-las, dar *feedback* e ainda administrar e solucionar conflitos.

Para Robbins, DeCenzo e Wolter (2013), as equipes, no início de um trabalho, nem sempre possuem todas as habilidades complementares, já citadas. Isso não é um problema. O que importa é que haja participantes que possuam essas habilidades em potencial para que posteriormente possam ser desenvolvidas. Para ilustrar, vejamos o exemplo a seguir: em uma equipe de futebol ingressa um jogador com diversas habilidades. Entretanto, como seu relacionamento com os outros integrantes ainda é muito recente, o técnico responsável por escalar a equipe para um campeonato importante decide não convocá-lo por entender que, apesar de possuir tais habilidades, elas ainda não foram suficientemente exercitadas com os demais jogadores do time. Faz-se necessária uma integração maior e adaptação às estratégias e jogadas ensaiadas, a fim de que a equipe, com esse novo jogador, possa apresentar o resultado esperado.

- ❑ *Propósito comum* – O que faz com que os elementos de uma equipe assumam um compromisso é a definição de um propósito comum, que pode ser traduzido em objetivos e metas. Quando equipes encontram essa direção, surge a energia desencadeadora do movimento que resulta no trabalho coletivo para responder ao propósito comum. Este norteia a equipe como uma bússola. Para Katzenbach (2008), de acordo com as demandas da alta gerência, as equipes vitoriosas definem suas metas e as seguem compromissadamente. Entretanto, cabe aos gestores responsáveis definir os princípios, o motivo essencial e a expectativa de performance da equipe, permitindo, porém, um vasto espaço para que os participantes tenham liberdade de criação e desenvolvimento de ideias a respeito do propósito, objetivos, duração e foco.

❑ *Objetivos específicos* – Para que se atinja o propósito comum torna-se necessária a definição de objetivos específicos adequados à realidade e capazes de serem medidos. Essa ação favorece a manutenção do foco da equipe e facilita a comunicação entre os membros. Na proporção em que os indivíduos compreendem o alvo que precisam atingir, se fortalecem para melhores resultados e, consequentemente, energizam toda a equipe. Imaginemos uma montadora de motocicletas que está em terceiro lugar no *ranking* de vendas do mercado e planeja alcançar a liderança como propósito comum. Como chegar até lá? É necessário definir objetivos específicos e mensuráveis para que alcance, passo a passo, a visão de ser a primeira no *ranking*.

❑ *Abordagem comum* – Definidos propósito comum e objetivos específicos, cabe à equipe decidir como os membros atuarão. Ou seja: como serão distribuídas a carga horária e as diferentes tarefas, de que maneira lidarão com os conflitos, de que forma ocorrerão as tomadas de decisão e qual investimento deverá ser feito para o desenvolvimento de competências que apresentam carência. Segundo Robbins, DeCenzo e Wolter (2013:142), "integrar habilidades individuais para facilitar o desempenho da equipe é a essência da modelagem de uma abordagem comum". Para ilustrar essa questão recordemos o desfile de uma escola de samba. Ali podemos perceber a integração entre as diversas alas, nas quais cada uma tem sua função coordenada. Há o momento certo para o início do desfile, bem como para o término. A bateria deve ditar o ritmo do samba da escola e todos os instrumentos devem estar em harmonia. Os integrantes devem desfilar em um compasso adequado, sem correrias ou atrasos, pois se houver um descompasso todo o desfile será prejudicado.

❑ *Responsabilidade mútua* – Em uma equipe, além da necessidade de cada indivíduo fazer bem o que lhe cabe, também há uma responsabilidade com o conjunto. Aflora o sentimento de "um por todos e todos por um". Há cooperação e esforço mútuo para que o desempenho coletivo atinja um nível de excelência. Entretanto, faz-se necessário encontrar o equilíbrio entre o compromisso coletivo e a visibilidade das contribuições individuais, pois quando estas não são percebidas a tendência é que o rendimento da equipe decaia em função do descompromisso de algum participante. Nessa linha, Katzenbach (2008) considera que uma equipe é um pequeno número de pessoas com habilidades complementares, comprometidas com o mesmo objetivo, as mesmas metas de desempenho e a mesma abordagem, pelos quais elas se consideram mutuamente responsáveis.

Caro leitor, como pôde perceber, trabalhar em equipe é uma competência coletiva que exige envolvimento de todos os participantes, orquestrados pela visão dos gestores. Contudo, é importante sabermos reconhecer que existem diferentes tipos de equipe, cada qual com suas características, vantagens e desvantagens. É sobre isso que discutiremos na próxima seção.

Tipos de equipes

As equipes são formadas a fim de alcançar objetivos diversos, que são definidos de acordo com cada contexto organizacional para se obter êxito. Vamos discutir aqui sobre os tipos de equipes, vantagens e outras peculiaridades. Wagner e Hollenbeck (2012) comentam que a formação do grupo pode seguir duas abordagens: uma de acordo com a tarefa que executa, chamada agrupamento por função, e outra tendo em vista o fluxo do trabalho, desde o início até seu término, que seria o agrupamento por fluxo de trabalho. A empresa, dependendo do ramo de atuação, deve levar isso em consideração para definir sua opção. Esses autores descrevem em que consistem essas abordagens:

❑ *grupo por função* – são os chamados grupos funcionais de trabalho, que executam tarefas similares e que podem trocar informações sobre procedimentos adotados, o que tende a melhorar a produtividade. Nesse tipo de divisão, as pessoas que não executam a mesma tarefa são separadas, o que pode prejudicar o fluxo de trabalho, estimulando atrasos no que está sendo executado;

❑ *grupo por fluxo de trabalho* – as atividades ficam integradas, e cada fluxo de trabalho é encerrado no âmbito de um único grupo, trazendo com isso uma vantagem para a organização, já que cada grupo é independente e, no caso de um grupo ter seu trabalho interrompido, isso não afeta o restante. A desvantagem desse tipo de estrutura de grupo é que as pessoas que exercem a mesma função não conseguem se ajudar ou substituir umas às outras.

Existem também algumas classificações segundo a titularidade e tempo que as pessoas permanecem juntas, como descrito por Parker (apud Tonet et al., 2009). As equipes classificadas segundo a titularidade podem ser funcionais e interfuncionais, sendo as funcionais aquelas que são constituídas por um líder formal e subordinados diretos que, em geral, atuam em uma mesma área de trabalho. As interfuncionais são aquelas nas quais os integrantes são oriundos de áreas ou departamentos diferentes e apresentam especialidades profissionais distintas.

Em relação à variável tempo de convivência, as equipes podem ser temporárias, quando não há uma continuidade de tempo no exercício de sua função, como em situações de força-tarefa, trabalhos de consultoria, desenvolvimento de projetos, e permanentes, quando estão integradas no organograma da empresa, ligadas a seu processo operacional e com um caráter duradouro.

Outra forma de classificação de equipes, que enfatiza a ação do líder e a autonomia própria da equipe, é a descrita por Katzenbach e Smith (2001), que considera duas disciplinas essenciais para o desempenho de pequenos grupos. São elas:

❑ abordagem com foco na liderança, que acontece em torno do líder. Após consultar o grupo, o líder define o propósito e o motivo do trabalho, toma as decisões, determina as contribuições individuais e o padrão de comunicação, identificando os requisitos de sucesso e a forma de avaliar o progresso do grupo. Em relação a essa classificação, poderíamos lembrar o líder mais diretivo, autocrático, e a equipe teria uma característica mais operacional, e não de tomada de decisão;

❑ abordagem com foco na equipe, que requer liderança compartilhada e responsabilidade mútua. As decisões são tomadas pelas pessoas mais preparadas e, por essa razão, esse tipo de equipe demanda um conjunto de habilidades complementares. A definição da pessoa que vai tomar a decisão é baseada em critérios como talento, habilidade, experiência e tarefa designada. As metas, o ritmo e a abordagem de trabalho são definidos pelo grupo, assim como a avaliação e determinação de padrões. Há uma percepção de comprometimento compartilhado, e os membros se percebem quanto mutuamente responsáveis – tanto as falhas como as vitórias são consideradas do grupo, e não individuais. Aqui lembramo-nos das equipes autogerenciadas, que devem tomar decisão e apresentar competências relacionadas nesse sentido.

É muito importante decidir sobre qual tipo, baseado nas duas disciplinas, é o mais apropriado para uma determinada equipe e contexto organizacional. O uso equilibrado das duas é considerado, segundo Katzenbach e Smith (2001), o ideal, mas não é o que se observa nos dias de hoje, já que a maioria dos líderes escolhe a disciplina do líder único, como se fosse essa a única maneira de liderar.

Outro tipo de equipe que merece destaque é a equipe de projetos, muito requerida nos dias de hoje pelas características de descontinuidade dos trabalhos. Frisch (2012) ressalta que equipes permanentes desperdiçam muito tempo para executar seu trabalho, o que não ocorre nas equipes por projeto, amplamente defendidas pelo autor.

Existem também as equipes virtuais, aquelas cujos membros não convivem no mesmo espaço físico. Esse tipo de equipe tem aumentado sua frequência com o passar do tempo, apoiada pelas facilidades tecnológicas. De acordo com Tonet e colaboradores (2009), nas equipes virtuais as pessoas atuam de forma interdependente e devem ter características próprias para se adaptar ao trabalho virtual, como o gerenciamento do próprio tempo, conhecimento do trabalho, autonomia, capacidade de decisão, iniciativa, motivação, persistência e conhecimento das ferramentas de comunicação virtual. Entretanto, não podemos confundir equipes virtuais com grupos que trabalham a distância sem um propósito em comum, inclusive utilizando ferramentas virtuais, mas não gerando resultados coletivos.

Uma equipe virtual precisa de habilidades humanas e tecnológicas. Temos uma variedade de tecnologias que tornam possível o trabalho de equipes virtuais, auxiliando a comunicação. Essas ferramentas são chamadas de *groupware* e, segundo Katzenbach e Smith (2001), têm se diversificado nos últimos tempos, com vários softwares colaborativos e muitas outras opções tecnológicas. Os autores comentam que *groupware* não significa necessariamente *teamware*, já que o *groupware* é somente um conjunto de recursos tecnológicos que auxiliam a comunicação das equipes virtuais. Salientam também que esses recursos apresentam vários desafios e dificuldades a serem vencidos, como a proliferação de vírus por e-mail, a falta de habilidade dos integrantes da equipe e do próprio líder em administrar essas ferramentas, o fato de os integrantes não se encontrarem pessoalmente, sacrificando o comprometimento mútuo, essencial ao desempenho de equipe.

Existem aspectos positivos e negativos do *groupware* originados a partir de três características fundamentais da tecnologia, que são: primeiro, o acesso ampliado, que diz respeito à disponibilidade das informações; segundo, a participação assíncrona, que é o fato de as pessoas trabalharem em horários e locais diferentes; e, por último, a comunicação desincorporada, que é aquela destituída de linguagem corporal, expressão facial e tom de voz. Katzenbach e Smith (2001:149) comentam sobre as diversas vantagens da tecnologia, mas também alertam sobre três sérias desvantagens relacionadas à participação assíncrona e à comunicação desincorporada, descritas a seguir:

- ❏ a tecnologia de *groupware* pode limitar a criatividade se não forem mantidas interações diretas;
- ❏ o *groupware* pode transformar produtos de trabalho coletivo em individuais;
- ❏ a tecnologia de *groupware* coloca em risco a responsabilidade mútua, pois as equipes virtuais não têm conseguido obter êxito sem reunir-se no início, a fim de discutirem os fundamentos da equipe.

Algumas etapas essenciais, sugeridas por Katzenbach e Smith (2001:155), que devem ser levadas em consideração para um efetivo trabalho e formação de equipes virtuais:

❏ use reuniões diretas a fim de estimular o comprometimento, o entendimento compartilhado e a resolução de problemas;

❏ evite reuniões colaborativas de *groupware*;

❏ defina quais as informações que podem ser acessadas, bem como as pessoas que terão esse acesso, sendo também importante eleger critérios para definir os integrantes e assim ter controle sobre o tamanho do grupo;

❏ defina os recursos de *groupware* que serão usados, bem como sua utilização;

❏ defina sua própria etiqueta. É fundamental que os integrantes se encontrem pessoalmente no início para fazerem seus acordos sobre como o trabalho será desenvolvido, incluindo a logística, as abordagens que serão usadas nas tomadas de decisão, a avaliação dos progressos do grupo e as normas de comportamento que serão seguidas por todos;

❏ discuta e determine funções de monitoramento e orientação em relação ao uso de tecnologia de *groupware* pelo grupo.

A comunicação virtual é um desafio para os líderes da atualidade, pois presencialmente já encontramos dificuldades em fazer com que as informações sejam transmitidas de forma satisfatória. Então entendemos que essa dificuldade aumenta ainda mais a distância. Passadori (2013) acrescenta que desenvolver uma equipe com um relacionamento interpessoal satisfatório e com a comunicação fluindo de forma assertiva, inclusive entre colaboradores não presenciais, nos dias de hoje, é uma tarefa bem desafiadora.

A competitividade entre as empresas estimulou a performance das equipes como uma forma de a empresa se diferenciar e assim se manter viva no ambiente corporativo, surgindo as equipes de alto desempenho (EADs). As equipes de alto desempenho, segundo Tonet e colaboradores (2009), são aquelas que apresentam resultados surpreendentes, superando os limites convencionais, com a constante atenção para que a curva do alto desempenho esteja sempre em ascendência.

Elas devem ser vistas como um diferencial nas organizações, uma maneira de obter um posicionamento estratégico, já que são orientadas pelo resultado que podem alcançar. Partindo-se dessa premissa, os mais diversos tipos de equipes podem alcançar o alto desempenho, caso se esforcem e foquem seu desempenho em resultado.

Para ilustrar, podemos fazer uma analogia com o esporte, onde as EADs representariam as seleções das empresas, como os times dos diversos países que participam de uma copa do mundo ou de uma olimpíada. Nesse sentido, as competências devem estar desenvolvidas em alto grau de performance, com habilidades requeridas em um nível máximo de desenvolvimento, além da noção de equipe, objetivo comum e senso coletivo, que é o mais importante. Podemos lembrar a copa de 2006, com o técnico Carlos Alberto Parreira, quando a nossa seleção era vista como a favorita porque tínhamos um time repleto de estrelas e, no entanto, nem participamos da final do campeonato, mesmo com o excelente técnico. Uma das causas desse ocorrido foi o fato de não termos formado uma equipe com um objetivo coletivo maior que vários individuais. Confirma Tracy (2004) ao mencionar que, para uma equipe de trabalho formada apenas por estrelas gerar resultado positivo, seus integrantes precisam sacrificar algumas de suas necessidades para atender às necessidades da equipe. Isso será discutido com mais detalhe no capítulo 2.

Outro tipo de equipe que vem crescendo em termos de adesão nas organizações são as equipes autogerenciadas, presentes nas organizações adeptas da gestão democrática. É importante entendermos a diferença entre equipes autogerenciadas e equipes de alto desempenho, já que não são excludentes, porém não são diretamente relacionadas. Para facilitar essa compreensão, vejamos novamente um exemplo com o esporte: a equipe masculina da seleção brasileira de voleibol, liderada pelo técnico Bernardinho, é uma equipe de alto desempenho, evidenciado pelos excelentes resultados obtidos ao longo de sua história. Entretanto, não é uma equipe autogerenciada, pois não toma decisões ligadas ao gerenciamento de suas rotinas de trabalho e estratégias de ação, como horário de treino e especificações nesse sentido, local de treinamento e composição em termos de equipe principal, entre outros fatores que são determinados pelo seu líder. Tal situação não interfere em nada na obtenção de seus resultados, motivo de muito orgulho para todos os brasileiros.

Tratando-se de equipes autogerenciadas, é possível se fazer uma analogia com as equipes lideradas pela disciplina do líder único, sugerido por Katzenbach e Smith (2001). Em relação a isto, Tonet e colaboradores (2009), comentam que equipes autogerenciadas são aquelas em que os integrantes são responsáveis por gerenciar tanto o trabalho a ser feito quanto a si próprios, e a liderança tem a função de estimular esforços, acompanhar, e não controlar. Para isso, sabemos que as equipes autogerenciadas devem apresentar algumas características, relacionadas a seguir por Tonet e colaboradores (2009:80):

❑ maturidade pessoal e profissional;
❑ ações individuais para atingimento de metas comuns;
❑ forte espírito de cooperação entre seus membros;
❑ competência para o gerenciamento de conflitos.

Hoje em dia, percebemos que houve uma mudança em relação ao resultado que podemos atingir de acordo com a formação das equipes. Antes se acreditava que equipes formadas por pessoas com características similares poderiam gerar melhores resultados. Porém hoje se entende que a diversidade pode ser positiva, pois as competências se complementam e um resultado mais promissor em relação aos objetivos pode ser alcançado.

Há vários fatores relacionados ao trabalho em equipe e que podem predizer seu desempenho, como as condições necessárias para seu bom funcionamento, assunto que será abordado na próxima seção e que também merece nossa atenção.

Componentes necessários para o trabalho em equipe

Caro leitor, depois de aprofundarmos nossos estudos sobre as características e os tipos de equipes, enfocaremos agora as condições necessárias para promover o trabalho nelas. Percebemos que há uma busca incessante, por parte de diversos autores, no sentido de relacionar fatores que interferem no desenvolvimento de equipes. Optamos aqui por apresentar o modelo criado por Robbins (2011).

Cabe lembrar, porém, que a proposta não deve ser usada de forma rígida, e sim como um guia. Necessitamos ter em mente que nem sempre todos os projetos serão mais bem resolvidos por um trabalho coletivo. Em determinados casos, o trabalho individual pode ser mais eficiente.

Segundo Robbins (2011), os atributos essenciais à criação de equipes eficazes dividem-se em quatro categorias gerais: a primeira diz respeito aos recursos e às demais ocorrências contextuais; a segunda refere-se à composição da equipe; a terceira constitui o projeto de trabalho; e a quarta aponta as interferências dos relacionamentos no desenvolvimento do processo, o que influencia na eficácia do resultado. Essa distribuição poderá ser entendida melhor com a figura 1.

Figura 1
COMPONENTES BÁSICOS PARA CRIAÇÃO DE EQUIPES EFICAZES

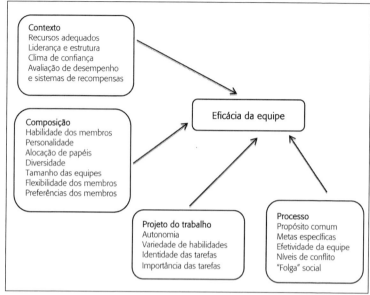

Fonte: adaptada de Robbins (2011:124).

Vejamos agora, de maneira mais especificada, os quatro componentes.

Contexto

São quatro os itens que o compõem:

- recursos adequados – o apoio organizacional aos gestores é fundamental para o resultado da equipe. Essa ajuda se traduz em recursos financeiros para execução de tarefas, informações precisas em tempo adequado, disponibilidade de tecnologia, pessoal de base apropriado, incentivos e suporte administrativo;
- liderança e estrutura – os participantes devem concordar com a distribuição de trabalho, definir o cronograma de

execução das tarefas, identificar quais habilidades precisam ser treinadas, esclarecer o método de resolução de conflitos e determinar de que maneira as tomadas de decisão serão realizadas. Liderança e estrutura são itens essenciais para a distribuição do trabalho. Essas questões poderão ser definidas pela organização ou pelos integrantes das equipes, como ocorre nas equipes autogerenciadas, nas quais os participantes exercem alternadamente funções executivas;

❏ *clima de confiança* – nas equipes, a confiança entre os integrantes já está estabelecida. Esse sentimento também se percebe em relação aos líderes. O clima de veracidade proporciona cooperação, diminui a necessidade de monitorar as condutas dos participantes e harmoniza os relacionamentos na medida em que há uma crença na honestidade de todos. Nesse ambiente, a equipe estará mais propícia a assumir riscos e apresentar suas deficiências para alcançar os objetivos, seguindo as orientações do líder;

❏ *sistema de avaliação de desempenho e de recompensas* – com relação ao trabalho de equipes, a mensuração e o posterior reconhecimento pelo trabalho de cada empregado não são suficientes para indicar o resultado da equipe. É imprescindível um sistema de avaliação e de recompensas que afira também o esforço e o compromisso da equipe.

Composição

Nesse componente estão incluídos os fatores relacionados à estruturação das equipes. São eles:

❏ *habilidades* – as habilidades técnicas, interpessoais, mediadoras de conflitos e solucionadoras de problemas são essenciais para uma equipe. Nela, pessoas competentes tecnicamente darão assistência especializada ao trabalho, assim como participantes com aptidões interpessoais estarão prontos para ouvir, resolver conflitos e ajudar nas questões relacionais inerentes à convivência dentro da equipe. Outros integrantes, com características para tomar decisões e resolver problemas, serão capazes de observar, criar soluções, julgá-las e ajudar a equipe a deliberar pela melhor opção;

❏ *personalidade* – indivíduos com personalidades distintas contribuem mais do que indivíduos com personalidades muito semelhantes. Entretanto, há situações em que uma pessoa muito negativa e descompromissada tem força para afetar as relações internas de uma equipe e enfraquecer o desempenho da mesma;

❏ *alocação de papéis* – no momento da seleção, é importante estarmos atentos às múltiplas características dos participantes para a adequação das tarefas. Quanto mais ajustado estiver o papel às habilidades de cada componente, maiores as chances de apresentarem um bom relacionamento dentro da equipe.

Segundo Margerison (apud Robbins, 2011), nove papéis podem ser identificados, sendo um deles caracterizado por uma função central de ligação, composta por um rol de atividades que podem ser desempenhadas por qualquer um dos elementos. Podemos entender melhor essas funções no quadro 1.

Quadro 1
NOVE PAPÉIS BÁSICOS

Repórter – Conselheiro	Gosta de buscar e fornecer informações.
Criador – Inovador	Gosta de fornecer ideias criativas e maneiras diferentes de realizar as tarefas.
Explorador – Promotor	Gosta de buscar e explorar novas oportunidades.
Assessor – Desenvolvedor	Prefere atuar em pontos onde as alternativas podem ser analisadas e novas ideias desenvolvidas para atender às limitações práticas da organização.

Continua

Repórter – Conselheiro	Gosta de buscar e fornecer informações.
Estimulador – Organizador	Gosta de estimular o avanço e a obtenção de resultados.
Finalizador – Produtor	Prefere trabalhar de maneira sistemática para a produção de resultados.
Controlador – Inspetor	Gosta de focar os aspectos de controle e detalhamento do trabalho.
Mantenedor – Apoiador	Gosta de defender padrões e valores, além de manter a excelência da equipe.
Elemento de ligação	Coordena e integra o trabalho da equipe.

Fonte: Margerison (apud Robbins, 2011:127).

❑ *diversidade* – equipes mais eficazes são aquelas compostas por indivíduos que possuem maior heterogeneidade de competências. Ainda que maior diversidade de habilidades represente a possibilidade do surgimento de conflitos, é mais provável que os resultados sejam melhores do que num ambiente homogêneo;

❑ *tamanho das equipes* – quanto menor o número de membros de uma equipe, mais fácil será a realização das tarefas. Com um número elevado de elementos, surgem dificuldades nos relacionamentos e no desempenho. Equipes com menos de 10 elementos são muito mais eficazes. De fato, com quatro ou cinco componentes, já é possível encontrarmos o número suficiente de competências e percepções para a realização das tarefas;

❑ *flexibilidade* – a vantagem de possuir participantes adaptáveis em uma equipe é que eles podem se amoldar a diversas tarefas. Este fator contribui para que a equipe se torne mais independente, pois a ausência de um membro não significa a interrupção no trabalho. Portanto, indivíduos com essa característica são muito bem-vindos, visto que, com o treinamento em outras tarefas, alcançarão resultados mais expressivos;

❏ *preferências* – nem todos os indivíduos gostam de atuar em equipe e alguns apresentam melhores resultados quando trabalham individualmente. Ao fazermos uma seleção, assim como as competências e a personalidade, devemos considerar também as preferências individuais. As pessoas que preferem trabalhar sozinhas geralmente não apresentam um bom desempenho em equipe.

Projeto de trabalho

No planejamento de um trabalho são indispensáveis os seguintes elementos:

❏ *liberdade e autonomia* – dentro de uma equipe, é essencial que todos os participantes se sintam à vontade para compartilhar suas ideias na resolução de problemas. Na medida em que o indivíduo tem essa permissão para comunicar suas percepções, ao fazê-lo estimula a reflexão de todos para que alcancem novas soluções, e juntos se encaminhem para um resultado comum. A integração dessas ideias os guiará de forma autônoma;

❏ *variedade de habilidades* – em alguns projetos, a multiplicidade de tarefas estimula nos indivíduos o desenvolvimento e a utilização de diversas competências pessoais; em outros planejamentos, exige a captação de profissionais com características distintas e a posterior integração dos mesmos;

❏ *identidade da tarefa* – não basta que os integrantes de uma equipe possuam habilidades complementares. É necessário que surja dessa união um produto identificado como fruto da realização da tarefa;

❏ *significância da tarefa* – o produto final deve adicionar valor para aquele que o solicitou ou adquiriu, sendo reconhecido como significante pelos outros, sejam eles indivíduos, grupos, equipes ou organizações.

Processo

Esse componente diz respeito à eficácia das equipes e é constituído pelos fatores relacionados ao processo. São eles:

❏ *propósito em comum* – as equipes são norteadas por um propósito compartilhado, uma visão que dirige e gera comprometimento entre os indivíduos. Para alcançá-lo, os membros investem parte considerável do seu tempo em debates, a fim de encontrar um denominador comum que expresse o pensamento da coletividade, sem abdicar de suas ideias individuais;

❏ *metas específicas* – são maneiras encontradas pela equipe para alcançar o propósito comum por meio de índices objetivos que traduzam realisticamente o desempenho. Atuam na melhoria da comunicação, na manutenção do foco e na sinergia da equipe, direcionando-a para o alcance de resultados consistentes. Pesquisas mostram que tais metas devem representar um desafio individual e coletivo, de modo a impulsionar a equipe para uma performance melhor;

❏ *eficácia da equipe* – o que gera a eficácia da equipe é a crença no próprio sucesso. A autoconfiança funciona como um propulsor para maior dedicação ao trabalho e para o aumento da certeza de conquistas futuras. Os gestores devem estimular a eficácia da equipe por meio de duas condutas: o reconhecimento de pequenas vitórias e a adequação do treinamento para as deficiências percebidas, sejam elas técnicas ou interpessoais;

❏ *níveis de conflito* – o conflito não deve ser percebido como um fator negativo dentro das equipes. A ausência dele pode levar à apatia dos membros, resultando em comportamentos repetitivos e indiferentes. Os conflitos com relação à tarefa ou ao conteúdo do trabalho, quando não são interpretados como um confronto, instigam o debate, proporcionam o julgamento da questão, geram soluções e podem levar a tomadas de decisão mais eficientes. Já quando surgem conflitos no nível interpessoal, na maioria das vezes, o desenvolvimento da equipe e de todo o trabalho é prejudicado.

❏ *"folga" social* – equipes exitosas direcionam os participantes a condutas comprometidas, individuais e coletivas, no desenvolvimento do trabalho. Dessa maneira impedem que algum elemento se esconda atrás da contribuição de outro colaborador.

Caro leitor, vale ressaltar que devemos estar preparados para resistências naturais que certamente surgirão de colaboradores acostumados a ser avaliados por seus feitos individuais, bem como para dificuldades quanto à mudança da cultura organizacional em empresas que ainda privilegiam respostas individuais, em detrimento do resultado do trabalho em equipe. No entanto, diante do que discutimos até aqui, é fácil reconhecer que o trabalho em equipe é uma grande vantagem competitiva para as empresas. Vamos ver de que modo isso pode se tornar uma realidade organizacional.

Trabalho em equipe como vantagem competitiva

Nos tempos atuais as equipes vêm se tornando o principal recurso para o alcance dos resultados almejados pelas empresas. Há algum tempo que o trabalho individual cede lugar ao trabalho coletivo. As empresas cada vez mais abrem espaço para a participação e a colaboração de seus funcionários. A organização se transformou em uma estrutura mais dinâmica, na qual o poder compartilhado com os empregados possibilita rápidas adaptações. Essa forma, muitas vezes constituída por redes de relacionamento, com indivíduos capazes de atuar de forma flexível, responde melhor às frequentes mudanças do mercado globalizado.

Diante desse panorama, o trabalho em equipe conta com a vantagem de carregar consigo um conjunto de percepções, avaliações e vivências anteriores dos seus participantes para a resolução de questões de naturezas diversas. O uso adequado dessa pluralidade de competências nas equipes permite que a empresa se torne mais competitiva.

O trabalho em equipe cria um clima propício à interação e à exposição de ideias. Por meio de condutas que incentivem a melhoria dos processos organizacionais, o gestor deve estimular constantemente a ação dos integrantes para que os procedimentos sejam aprimorados. As sugestões dos participantes são importantes em todo esse desenvolvimento, assim como é fundamental que o gestor aprove e implemente, em curto espaço de tempo, as melhores ideias apresentadas, favorecendo assim o engajamento dos empregados.

De acordo com Macey e colaboradores (2011:20), engajamento é o

> senso de propósito e a energia concentrada de um indivíduo, evidentes para os outros pela demonstração da iniciativa pessoal, da adaptabilidade, do esforço, e da persistência direcionados a alcançar os objetivos organizacionais.

Ainda para esses autores são quatro os fatores que se relacionam com o princípio básico do engajamento, e ocorrem quando os funcionários: têm a capacidade de se engajar; têm uma razão ou motivação para se engajar; têm a liberdade de se engajar e sabem como fazê-lo. Esses fatores serão abordados a seguir.

A capacidade de se engajar

O engajamento necessita de uma atmosfera com alto nível de exigência, que proporcione a aquisição de conhecimento, o aprendizado contínuo e favoreça a qualidade de vida dos empregados, construindo uma estrutura dinâmica para condutas proativas.

Quando há na empresa uma política de incentivo financeiro para investir no aprendizado contínuo de seus funcionários, na qual o próprio gerente estimula que se façam cursos de especialização, de idiomas, de MBA, surge um clima de competitividade positiva entre os participantes para a aquisição dessas vantagens. Esses benefícios proporcionados pela organização trazem melhorias para o trabalho e até mesmo para alguns processos organizacionais, pois ao mesmo tempo que adicionam valor à carreira do indivíduo, aprimoram a *expertise* da empresa.

Para ilustrar, vejamos o seguinte caso: a empresa X disponibilizou para seus colaboradores 10 bolsas de MBA na área de gestão de pessoas em uma instituição de grande valor no mercado e reconhecida internacionalmente. A distribuição desse incentivo foi realizada a partir das inscrições dos interessados, com base no plano de carreira e nas avaliações de desempenho anuais. Os escolhidos foram entrevistados por três gerentes que não estavam ligados hierarquicamente a eles. Ao final, apresentou-se uma relação dos 15 candidatos melhor classificados. João, o 11º colocado, decidiu arcar com os custos do seu MBA, pois representava para ele a realização de um objetivo pessoal e de crescimento profissional dentro da organização. Depois do primeiro mês, um dos beneficiados com a bolsa desistiu do curso, e o departamento de RH, ao perceber o engajamento de João com a estratégia da organização, conseguiu junto à alta gerência que a bolsa fosse transferida para ele.

Por meio desse exemplo, ratificamos a importância dos incentivos organizacionais, que geram um ambiente positivo de crescimento e estimulam, nos empregados, um comportamento proativo e determinado diante de diversas situações. O engajamento dos indivíduos surge em função de uma busca contínua de competência e autorrealização.

Motivação para se engajar

O engajamento ocorre quando os funcionários se interessam pelas tarefas que realizam e percebem valor nas mesmas. Além disso, quando os funcionários são tratados com respeito e reconhecimento, eles tendem a agir da mesma maneira. Podemos afirmar que as pessoas passam grande parte do tempo de suas vidas no local de trabalho, realizando tarefas. Assim, o engajamento será incentivado na medida em que o empregado se interesse por elas e as valorize. Tais atividades deverão estimulá-lo para que possa desenvolver sua autonomia, permitindo a ele tomar decisões, planejar seu trabalho e realizá-lo como julgar melhor. O alcance de objetivos desafiadores o impulsionará a buscar outros sucessos pessoais, respondendo assim às suas próprias necessidades.

Outro fator que também proporciona o engajamento dentro da instituição é o tratamento respeitoso dispensado ao funcionário. Esse modo de lidar com o indivíduo indica sua importância dentro da estrutura organizacional e faz com que ele perceba que sua contribuição tem um significado para si e para os demais. Esse sentido será legitimado na medida em que os valores organizacionais e os individuais estejam em concordância.

Vejamos o seguinte exemplo: a diretoria de uma empresa familiar de hotelaria de luxo decidiu premiar um de seus empregados com uma viagem para o exterior, com todas as despesas pagas e com direito a um acompanhante. Levando em conta que os funcionários conviviam com essa experiência de atendimento a um público mais selecionado – por exemplo: executivos, turistas, e recém-casados –, a diretoria desejou proporcionar a um de seus funcionários uma vivência de hospedagem semelhante. Para isso, promoveu entre todos os empregados uma enquete onde eles escolheriam o beneficiado para o prêmio e os motivos da escolha. Para a surpresa da direção o vencedor foi um dos jardineiros. Francisco ficou emocionado e grato com a indicação. Ao entregar o prêmio, os diretores ressaltaram como os colegas de trabalho percebiam a importância das tarefas realizadas por ele e sua dedicação. Esse acontecimento, estimado leitor, nos faz perceber que tal escolha foi uma retribuição à atenção e ao carinho que o profissional sempre dedicou à organização e aos colegas. Francisco era um exemplo de profissional dedicado às suas atividades, delicado com todos, e seu engajamento era observado pela maioria.

A liberdade de se engajar

O engajamento ocorre quando os empregados se sentem autoconfiantes para tomar decisões por si mesmos e lhes é permitido agir dessa forma. A autoconfiança cresce neles na medida em que os gestores os tratam de forma justa. Em suma, como afirmam Macey e colaboradores (2011:26): "A justiça leva à confiança, e a confiança leva a uma sensação de segurança".

Os funcionários, quando não se sentem tratados de forma justa, dificilmente terão coragem para contribuir com a organização por meio de novas ideias. A sensação de vulnerabilidade os impede de atuar de forma inovadora. A falta de apoio do gestor e da organização acaba transformando-os em empregados inseguros e pouco criativos.

Portanto, uma cultura organizacional que incentive a participação de seus funcionários, dando-lhes a oportunidade de exercer constantemente sua criatividade, dificilmente necessitará de atos heroicos para solucionar situações imprevistas.

Para ilustrar, vejamos o seguinte exemplo: a fábrica Y, do mercado de embalagens, decidiu incentivar os empregados a criar novos formatos que possibilitassem maior praticidade no uso, transporte, abertura e fechamento das mesmas. Para isso, criou um sistema de recompensas em que a ideia deveria ser apresentada ao gestor do departamento responsável e, se fosse aprovada, o inventor receberia um prêmio em dinheiro.

O tempo de resposta do gestor e o de implementação da ideia deveriam ser os mais curtos possíveis, para que os inventores não se sentissem desestimulados.

Ao final, todas as ideias aprovadas seriam listadas e votadas. O vencedor receberia outro prêmio, bem maior que o da aprovação na primeira etapa, em uma comemoração com participação de todos os inventores.

Com esse exemplo ratificamos a importância de um programa organizacional de incentivo a ideias e ações criativas, assim estabelecendo uma relação de confiança, reconhecimento e apoio ao colaborador, com vistas a um maior engajamento.

Foco no engajamento estratégico

O engajamento estratégico ocorre quando os objetivos individuais estão alinhados com as estratégias organizacionais e as vantagens competitivas que a empresa elegeu para si. Em outras palavras, esse comportamento acontece porque os funcionários percebem uma relação direta entre a realização de seus trabalhos e os resultados positivos gerados para a organização.

Os funcionários devem estar conscientes e alinhados com a estratégia estabelecida pela organização. As energias devem ser canalizadas para a vantagem competitiva da empresa, ou seja, para as competências que a distinguem das demais. O gestor deve estimular nos indivíduos a conduta de engajamento a fim de que eles sejam responsáveis pela direção de seu futuro, ao invés de ficarem à mercê das mudanças que venham a ocorrer.

Para facilitar a compreensão, tomemos o seguinte exemplo: a empresa W vem criando um programa para seus líderes manterem vários canais de comunicação com seus empregados

– reuniões, relatórios, SMS, e-mails –, a fim de estabelecer uma relação de confiança e credibilidade. O próprio diretor-presidente encaminha e-mails pessoais na busca de sugestões dos seus funcionários para as questões estratégicas de planejamento da organização. Esses canais favorecem uma maior participação dos funcionários, aproximando-os dos líderes e estimulando a cultura de engajamento desejada pela empresa.

Percebemos com esse exemplo a necessidade da existência de um movimento participativo para a manutenção de um ambiente de trabalho estrategicamente focado e alinhado com os objetivos da organização.

Como, provavelmente, você pôde perceber até aqui, leitor, o ambiente organizacional propício ao trabalho de equipes como vantagem competitiva é aquele em que os indivíduos são tratados de forma justa e recompensados por sua dedicação, sendo sempre incentivados por seus líderes a participar ativamente nos processos da empresa.

O engajamento surge como uma ação de gratidão pelo reconhecimento e pelas possibilidades de crescimento oferecidas, bem como remuneração adequada e segurança proporcionada pela organização. Ele só ocorre porque o funcionário acredita em um movimento recíproco, como em um ciclo energizador em que ele se sente confiante a agir e é valorizado por seus atos, retroalimentando seu desejo de atuar cada vez mais, sempre alinhado com os objetivos da empresa.

Portanto, podemos perceber que o engajamento possui relação direta com o ambiente, a satisfação com os líderes e a proposta organizacional.

Assim, prezado leitor, podemos entender o engajamento como um acordo mútuo e proveitoso. Na medida em que as necessidades dos empregados são atendidas e superadas, eles se empenham em alcançar melhores resultados para a organização.

Dando continuidade aos temas discutidos até agora, apresentaremos, no próximo capítulo, diversos enfoques relacionados às equipes de alto desempenho (EADs). Qual o conceito? Quais os desafios para construí-las? Que competências devem ter seus integrantes? Responder a estes questionamentos é um desafio da leitura a seguir.

2

Equipes de alto desempenho (EADs)

A excelência no desempenho de uma equipe pode ser comparada a um esporte de alta performance. Ser um atleta olímpico já é um desafio conquistado por pessoas muito diferenciadas. Ser o melhor entre esses competidores de elite é algo que se explica por um conjunto de detalhes quase imperceptíveis aos leigos. Talvez seja essa a lógica que nos leva a pensar e acreditar que, no mundo corporativo, a garantia do sucesso de uma equipe é ser mais que diferenciada; é ser única.

Se uma equipe eficaz é aquela que atinge as metas estabelecidas, uma equipe de alto desempenho é aquela que gerencia internamente o estabelecimento de metas superiores. Mais do que eficiência, a questão está na eficácia. Mais do que os resultados, interessa também o aprimoramento do método. O valor da qualidade completa a proposta quantitativa. Não basta a uma EAD superar seus competidores, pois o desafio que ela estabelece é com seus próprios limites. E vale lembrar que quando se tem como meta superar os próprios limites o jogo nunca termina.

Para que possamos entender melhor essa discussão, veremos agora, de modo mais detalhado, o conceito de equipe de alto desempenho. Em seguida, iremos explorar os desafios para se construir uma equipe com essas características. Para completar, discutiremos as principais competências dos líderes de uma EAD, bem como dos integrantes dessa equipe.

Uma definição para equipes de alto desempenho

Antes de buscarmos maior clareza conceitual, vale destacar um ponto importante. Nas empresas, bem como nos acervos bibliográficos da área de gestão de pessoas, vários termos são usados como sinônimos, muito embora nem o sejam. Para efeito didático, é importante adotarmos o consenso de que continuaremos a usar, neste capítulo, a expressão "equipe de alto desempenho" (e sua sigla EAD) em detrimento de outros conceitos, tais como: grupo, equipe, time, equipe de alta performance ou equipe de máximo rendimento.

Como já foi abordado, é necessário compreender que ser uma verdadeira equipe pressupõe um conjunto de características que não são percebidas em outras formações grupais. Sinergia, boa comunicação, compartilhamento de responsabilidades e outros fatores agregadores destacados por Moscovici (2010) de fato diferenciam o modo de se trabalhar em um modelo cooperativo. Contudo, quando se busca um nível de excelência máxima nas rotinas laborais de uma equipe, é necessário direcionar os esforços para a construção de uma EAD.

Estabelecer uma diferenciação conceitual entre grupos e equipes já não é uma tarefa muito fácil. Elevar esse desafio para a caracterização de uma diferença entre equipes e equipes de alto desempenho parece um desafio ainda maior. No entanto, a dificuldade pode ser amenizada quando se tem como pressuposto que a diferença está mais para uma dimensão qualitativa do que quantitativa. Estamos aqui sinalizando que uma EAD não é aquela que faz um pouco a mais do que as equipes, mas a que consegue fazer de um modo ainda melhor e diferente. Vejamos como um exemplo pode deixar essa afirmativa mais clara. Considere, leitor, um grupo de trabalho e um padrão básico de produção. Esse grupo costuma entregar suas atividades dentro das metas mínimas estabelecidas, com certa pontualidade, respeitando os padrões de qualidade e sem muitos conflitos interpessoais. Podemos dizer que temos, nesse caso, um verdadeiro grupo de trabalho. Independentemente de as expectativas de cada um dos membros serem ou não diferentes, o objetivo maior a ser alcançado por eles, ou seja, a conclusão da atividade, é feito e isso ocorre dentro dos parâmetros aceitáveis.

No caso de uma equipe, o simples desempenho individual para o cumprimento de metas já não é o único objetivo. Tem-se a compreensão de que uma equipe necessita estar atenta aos aspectos que extrapolam as obrigações quantitativas de produção geralmente estabelecidas para os grupos. Em outras palavras, simplesmente fazer o trabalho que está previsto não é algo que determine uma formação de equipe, muito embora os índices numéricos estejam presentes. Katzenbach e Smith (2001) destacam que o foco de um bom trabalho em equipe é também a dimensão relacional entre seus integrantes. Cooperação, respeito, empatia, entre outros fatores interpessoais, estão presentes na pauta de atenção aos comportamentos de uma equipe. Robbins, Decenzo e Wolter (2013), embora não enfatizem muito a diferença conceitual entre grupos e equipes, reforçam a importância do apoio mútuo, dos objetivos compartilhados e dos propósitos comuns.

Vimos então que uma equipe, diferentemente dos grupos, tem uma estrutura focada na relação de trabalho e no padrão de desempenho. Mas, voltando ao problema central que estávamos discutindo: o que é uma equipe de alto desempenho? Do ponto de vista conceitual, qual a diferença entre ela e uma equipe? Embora a pura definição não seja o aspecto mais aplicável dessa reflexão, é importante entender a diferença entre essas duas formações de pessoas em seus processos de trabalho.

Quando se tem uma equipe e, principalmente, se ela apresenta um bom nível de rendimento e maturidade, para muitos gestores isso pode parecer mais do que suficiente. De fato, cumprir as metas e manter os prazos em dia já é considerado, para uma boa parcela das empresas, um desafio grande. Mas será que a busca pelo cumprimento de cronogramas e padrões preestabelecidos de qualidade é suficiente? O mercado atual e seus critérios de concorrência nos têm deixado convencidos de que a resposta é não.

Segundo Assen, Gerben e Pietersma (2010), a partir do final da década de 1980 e sobretudo no início do atual milênio, as organizações se voltaram para uma cultura fortemente baseada na melhoria dos processos produtivos e na gestão mais eficiente de seus produtos. O mundo corporativo mergulhou então numa empreitada de sistematização e padronização de rotinas. São exemplos típicos desse movimento empresarial as certificações internacionais como os programas de 5S, as normatizações ISO, a gestão da qualidade total, o sistema *kanban*, a produção *just in time*, o *balanced scorecard* (BSC), entre outros. A maior parte desses programas é associada a políticas de administração, controle de qualidade ou logísticas de produção, estoque e entregas. Contudo, deve-se perceber que a essência de todos eles requer uma mudança de competências e novas rotinas de trabalho a serem praticadas pelas pessoas.

Estamos aqui afirmando que a base dos programas de gestão e gerenciamento de processos precisa estar sustentada por bons programas de gestão de pessoas, de desenvolvimento de competências e de metodologias de aprendizagem. Sejam eles mais estratégicos, táticos ou operacionais, como didaticamente subdividem os autores Assen, Gerben e Pietersma (2010), na prática são as equipes de trabalho que irão efetivamente implantar as transformações apresentadas. As boas equipes podem buscar uma rápida adaptação a essas propostas de mudança, mas são as equipes de alto desempenho que irão se ajustar com maior efetividade a essas políticas. São as pessoas que integram as EADs que irão aprender mais rapidamente as novas diretrizes conduzidas pelas lideranças, ou até mesmo fazer parte dos momentos de construção dessas diretrizes.

Um gestor mais curioso e comprometido com a qualidade do seu papel de líder poderá se perguntar o que, de fato, assegura maior garantia de que as equipes de alto desempenho atingirão esses aprendizados. De outra forma, podemos também questionar: por que grupos ou boas equipes estariam menos habilitados a fazer as grandes mudanças solicitadas? A resposta está naquilo que se poderia chamar de alto comprometimento, envolvimento ou engajamento. Pode-se traduzir isso em uma palavra, que é a base dos processos de vinculação responsável com o trabalho: *motivação*.

Muito provavelmente, é o padrão motivacional de uma equipe de alto desempenho que a diferencia de outras formações coletivas de trabalho. Uma equipe em sua melhor performance laboral destaca-se no ambiente pelo elevado grau de motivação que aplica, se não a todos, mas à grande maioria dos desafios que lhe são atribuídos. Profissionais altamente motivados evidenciam um padrão de relação com seu trabalho que traz associado um resultado que supera a expectativa dos gestores. Quando ressaltamos aqui a motivação como um fenômeno psicológico fundamental para o excelente desempenho, temos a intenção de estender a compreensão do significado pleno da palavra.

Como será detalhado no capítulo seguinte, das principais teorias pode-se resumir a ideia de que, para Maslow, a palavra motivação está associada a um movimento interno que busca atender a uma necessidade do indivíduo (exemplo: a ação de buscar um copo com água está movida pela necessidade de saciar a sede). Herzberg nos alerta para a importância de a motivação ser também um estado intrínseco, consequente da satisfação que se tem pela realização de uma tarefa, o ofício propriamente dito (Vergara, 2013). Se gosto do que faço, tenho satisfação com meu trabalho e, por isso, estarei motivado a fazê-lo sempre e cada vez mais.

Muito além de um impulso humano que caracteriza nossos motivos comportamentais, nossas ações dentro ou fora do mundo do trabalho, a motivação deve ser compreendida, em relação ao desempenho laboral, como uma espécie de combustível do ser humano. Metaforicamente, é possível afirmar que um bom carro, com um supermotor e alta tecnologia mecânica não irá muito longe se lhe faltar gasolina. É plausível também inferir que um profissional muito bem qualificado, com alto nível de formação e muitas competências técnicas não terá bom desempenho geral se não estiver motivado para fazer suas atividades. Tão importante quanto o "saber fazer" é o "querer fazer". Essa dimensão volitiva para o trabalho, ou seja, a vontade de fazer, pode ser compreendida como a essência da verdadeira engrenagem produtiva dos trabalhadores.

Ao chegar nesse ponto de seus estudos, você deve ter percebido que construímos uma linha de reflexão que nos permite elaborar um adequado conceito para equipe de alto desempenho. Se juntarmos a essência do que foi apresentado até agora neste capítulo com ênfase no pensamento de alguns autores, poderemos sintetizar um conjunto de ideias e significados para chegar à seguinte definição:

> *Equipe de alto desempenho* é uma formação de profissionais com competências técnicas e comportamentais diversificadas, motivados em nível muito elevado para a concretização das estratégias organizacionais, liderada ou autogerida para buscar com sinergia e ética a excelência dos resultados e a reestruturação dos processos.

Dessa proposta conceitual, podemos grifar alguns pontos essenciais para que se consiga deixar ainda mais clara a visão singular do que é ser uma equipe de alto desempenho. Primeiramente, queremos chamar a atenção para o detalhe de que nessa formação a presença de profissionais com competências diferentes e complementares é altamente recomendável. A soma das experiências e a construção de uma ação que represente o somatório das ideias fazem com que a solução seja otimizada. Outro aspecto importante da definição a ser destacado é a questão motivacional. Nas páginas anteriores, apresentamos a proposta de que a motivação profissional é um fator determinante para a melhoria dos processos e a realização das atividades. Aqui, estamos aumentando essa importância até seu nível máximo. Acreditamos que apenas pessoas com enorme prazer no desempenho de suas práticas são capazes de integrar e consolidar uma equipe de alto desempenho. Afinal, elas serão muito exigidas em termos de dedicação e padrões máximos de performance e resultados.

Na definição construída, podemos perceber também a ênfase dedicada às estratégias organizacionais. Com efeito, uma equipe é capaz de atender às expectativas de desempenho estabelecidas pelos gestores. Contudo, apenas as que possuem alto desempenho demonstram forte comprometimento com as diretrizes organizacionais. Muitas vezes, essas equipes especiais não apenas cumprem as desafiadoras metas traçadas, como também ajudam a construí-las, alinhando a realidade atual com o planejamento estratégico para a missão e a visão institucionais. Mais do que uma simples operacionalização dos procedimentos, discutem também os destinos e os caminhos a serem trilhados.

Um quarto aspecto que merece relevo na definição de proposta para EAD retrata a questão do modo como as relações são estabelecidas entre os profissionais. O bom desempenho de uma equipe costuma estar vinculado ao bom trabalho de um líder e, com ele, suas adequadas políticas de gestão de pessoas. Porém poucas vezes nos damos conta de que em uma equipe de alto desempenho a figura explícita de um líder é diluída numa responsabilidade compartilhada de liderança entre todos. Queremos dizer que o modelo de autogestão é, ao mesmo tempo, uma meta e uma consequência do nível de comprometimento e entendimento de todos sobre os papéis individuais e coletivos, bem como dos objetivos a alcançar.

Por último, queremos também enfatizar que as relações interpessoais dentro dessa equipe são diferenciadas. Em qualquer ambiente de trabalho, temos o dever de pautar nossos comportamentos com base no tradicional e desejável respeito aos colegas. Nesse tipo de formação, são também evidenciadas atitudes de solidariedade, cuidados com as condições físicas, psicológicas e ergonômicas para a execução das atividades de todos, divisão equitativa de tarefas, eliminação de conflitos desagregadores, confiança nos demais e na capacidade conjunta de realizar os trabalhos. Esses padrões ficam ainda mais positivos quando se valoriza a comunicação eficaz dos informes técnicos, a prática rotineira de *feedbacks* e a ética como cultura balizadora de todas as ações internas e externas.

Vejamos um exemplo de como o conceito de trabalho em equipe pode ser aplicado em processos bem-sucedidos. A palavra *ubuntu* lhe traz quais recordações? Se o leitor for da área de tecnologia ou gostar muito de computadores, provavelmente a expressão tenha lhe remetido a um sistema operacional alternativo aos consagrados Windows (Microsoft) e OSX (Apple). Mas saberia o leitor dizer o porquê desse nome? *Ubuntu* é uma palavra que tem origem no idioma de algumas partes da África do Sul. Seu significado está associado a uma visão de mundo em que as pessoas devam pensar e agir de modo mais coletivo e menos individualista.

O arcebispo Desmond Tutu (sul-africano ganhador do prêmio Nobel da paz em 1984) pregava que as pessoas com *ubuntu* estão sempre disponíveis e abertas para interagir com os outros, cooperam, participam e não se sentem ameaçadas pelas capacidades e bons valores de seus colegas. O sistema operacional Ubuntu é um software aberto, em que todos podem colaborar com seu desenvolvimento e, por filosofia, é gratuito. Na prática, aqueles que compartilham o valor *ubuntu* entendem o princípio de que o ganho deve ser de todos, ou seja, ou todo mundo ganha ou ninguém ganha. Assim devem pensar também as pessoas que fazem parte de uma verdadeira equipe.

Agora que buscamos tornar mais claro o que é uma equipe de alto desempenho, novas perguntas se mostram oportunas e mais aplicadas para quem se propõe ao trabalho de gestor. Como identificar se minha equipe é uma equipe de alto desempenho? Como é possível desenvolver uma equipe para que ela tenha um alto desempenho? Qualquer profissional pode fazer parte desse tipo de equipe?

Vejamos, a seguir, como essas perguntas podem ser respondidas e os desafios que devemos estar dispostos a enfrentar quando nos colocamos à frente de uma proposta de liderar pessoas com o objetivo de formar uma EAD.

Desafios para construção de equipes de alto desempenho

É razoável considerar que uma equipe não atinge um padrão de alto desempenho rapidamente; tampouco migra para esse modelo de maneira espontânea ou involuntária. Trata-se de um processo que deve ser conduzido pelas lideranças em um primeiro momento, e pelos próprios integrantes nas fases seguintes. Os estágios sucessivos desse progresso vão solidificando a maturidade de trabalho, e sua manutenção precisa também de certo monitoramento para que a acomodação, a desmotivação e a falta de comprometimento não se estabeleçam de forma nociva e destrutiva.

Entre os maiores desafios que se impõem aos líderes e, de certa forma, aos profissionais que integram a equipe, alguns fatores ganham destaque para que se possa construir um alto padrão de desempenho.

Fatores característicos de uma equipe de alto desempenho

Além dos aspectos já relacionados, listamos a seguir um conjunto mínimo de características comportamentais que devem ser alvo de constante observação para essa construção, bem como para a manutenção do elevado grau de performance:

❏ *crescimento contínuo* – as lideranças de uma equipe de alto desempenho devem estimular o aprimoramento pessoal e profissional como um processo contínuo de desenvolvimento de cada um e, por consequência, de toda a equipe. Se um integrante cresce em alguma dimensão de maturidade, seja ela técnica ou comportamental, é natural supor que a equipe também apresente um movimento de crescimento. Esse processo deve reforçar também um modelo endogênico, ou seja, que tenha sua origem nos conteúdos internos à equipe, valorizando as experiências e as competências de cada um;

❏ *compartilhamento das competências* – um novo conhecimento, uma aquisição de habilidade ou de um comportamento laboral, mesmo que enriqueça o rol de competências de um profissional, só terá utilidade para um trabalho em equipe se for compartilhado formalmente com os demais. É comum o fato de empresas solicitarem que os poucos profissionais que participaram de congressos e cursos socializem com seus pares o que aprenderam. Isso nem sempre é apenas uma questão de gestão de custos, mas também o fortalecimento de uma cultura de compartilhamento de saberes;

❏ *elevado nível de criatividade* – de alguma forma, em maior ou menor grau, praticamente todas as empresas estão vivenciando algum tipo de crise, seja ela de transformação, adaptação ou reestruturação de processos. A própria dinâmica do mercado atual exige das organizações um movimento constante de ajustes à nova realidade da demanda qualitativa ou quantitativa de consumo. A criatividade de uma boa equipe tem sido a solução estratégica para enfrentar o desafio dessas mudanças. Vários profissionais criando respostas com suas competências diversificadas e complementares têm chances muito maiores de propor soluções otimizadas aos problemas que surgem;

❏ *comprometimento sistêmico* – para que se possa construir uma equipe de alto desempenho é necessário incentivar uma cultura interna que vá muito além do senso de responsabilidade com as tarefas individuais. O nível de comprometimento esperado desse tipo de equipe é com os processos inerentes ao trabalho de cada um, com as atribuições conjuntas destinadas a todos os integrantes e também com as metas e estratégias institucionais. É esse compromisso de escopo máximo, que advém de uma compreensão ampla, isto é, de uma visão sistêmica sobre o negócio da empresa, que torna uma equipe verdadeiramente engajada numa política de resultados excelentes;

❏ *efetividade nos processos* – a despeito de muitas definições, nem sempre complementares sobre o conceito de eficácia, eficiência e efetividade, a noção de qualidade máxima é sempre um parâmetro desejável para uma boa equipe. Em poucas palavras podemos dizer que eficácia é fazer o que precisa ser feito, atender a uma expectativa básica. Eficiência é o processo de aprimoramento da técnica, de aumento da qualidade. É, por exemplo, fazer o que se espera, porém com custo menor, com menos tempo e até com menos recursos. Ou seja, eficácia está relacionada ao resultado e eficiência, ao método. De uma equipe de alto desempenho, ambos os parâmetros são esperados. Ela se torna efetiva quando busca associar a eficiência com a eficácia. Fazer o que é devido, mantendo uma rotina de aperfeiçoamento dos processos, é a efetividade que se deseja de uma EAD.

❑ *liderança compartilhada* – a distribuição da responsabilidade de gestão do trabalho, dos processos decisórios e dos comportamentos laborais tem sido utilizada como um modelo estratégico para otimização dos resultados. Compartilhar liderança não deixa de ser, em essência, uma forma de empoderamento da equipe e, como todo processo de delegação, esse deve ser conduzido com cautela e monitoramento. Uma equipe de alto desempenho certamente já está em um nível de performance que a habilita para esse modelo de liderança. Mas cumpre ressaltar que se trata de uma conquista da equipe, decorrente de um processo de amadurecimento atingido, e não uma escolha do gestor para resolver problemas da rotina.

De modo prático, pode-se estabelecer uma pergunta-chave para identificação da presença de cada um dos fatores que foram relacionados. Busque, leitor, refletir se as perguntas apresentadas no quadro 2 podem ser respondidas positivamente quando colocada em avaliação sua atual equipe de trabalho ou, na ausência dessa situação, alguma outra da qual você tenha participado.

Se, ao final dessa avaliação dos fatores característicos de uma EAD, você respondeu sim para a maioria das perguntas-chave que foram sugeridas, é possível que esteja liderando uma equipe de alto desempenho ou, pelo menos, vivenciando o surgimento de uma força conjunta de trabalho voltada para a excelência.

Quadro 2
CARACTERÍSTICAS DE UMA EAD E PERGUNTAS-CHAVE

Características de uma equipe de alto desempenho	Pergunta-chave Os membros da minha equipe...
Crescimento contínuo	têm aumentado suas competências nos últimos projetos que conduzimos?
Compartilhamento das competências	aprimoram suas competências a partir das experiências dos seus colegas?
Elevado nível de criatividade	apresentam soluções criativas para as diferentes situações e desafios que nos chegam?
Comprometimento sistêmico	compreendem amplamente as metas e os objetivos estratégicos da empresa?
Efetividade nos processos	adotam uma cultura de trabalhar com efetividade (eficácia + eficiência)?
Liderança compartilhada	compartilham a execução da responsabilidades que costumam ser atribuídas aos líderes?

Outro aspecto que necessita ser lembrado quando o assunto é o desafio para se construir uma EAD é o fato de que ela deve assumir, a todo momento, um enfoque eminentemente prático, ou seja, que saiba transformar seus aprendizados em comportamento aplicado à melhoria dos processos. Como outros autores, Tonet e colaboradores (2009) defendem a importância da iniciativa como uma competência fundamental para quase todos os cargos. Vale lembrar que a iniciativa é apenas o início do processo de trabalho, é uma ideia que busca resolver um problema inesperado. Contudo, se essa intenção não for transformada em ação, pouco terá valido a iniciativa. Uma grande equipe precisa saber transformar potência em ato, ideia em resultado, intenção em inovação, vontade em práxis. É função dos gestores estarem atentos à manutenção dessa cultura de aplicabilidade dos conhecimentos na equipe.

Algumas estratégias podem servir de balizadoras da cultura pela busca de efetividade em uma organização. Entre muitas, podemos aqui destacar que uma EAD deve manter um foco constante na identificação das necessidades dos clientes internos e externos. Para atender à demanda correta dos serviços a serem prestados e dos produtos a serem entregues, é necessário entender o que é solicitado, compreender aquilo de que o mercado precisa. Estamos aqui chamando sua atenção para outro grande diferencial das equipes, que é o comprometimento social.

Entregar um pedido solicitado dentro do prazo, com as exigências básicas da qualidade contratada, não irá trazer grande relevo para uma empresa. Em tese, quase todas as organizações têm essa missão, esse princípio existencial em seu negócio. Terão muito mais chances de se destacar aquelas que criarem um padrão simultaneamente responsável e responsivo. A responsabilidade retrata a dimensão de eficácia das equipes, fazendo o que está previsto, considerando o escopo do serviço, o que deve ser entregue. Já a responsividade é a preocupação maior de atender os clientes na resposta exata, ou acima, daquilo que foi solicitado. Esse padrão de eficiência só costuma ser alcançado quando se está atento às necessidades do cliente e, como todo processo de padrão otimizado, volta-se também para o prazo, o custo e a qualidade.

Se tentarmos compreender, em uma análise interdisciplinar, o trabalho de uma EAD como um processo, é possível fazermos uma analogia com os princípios fundamentais que sustentam duas áreas de conhecimento: gestão de equipes e gerenciamento de projetos. Juntando o que discutimos até o momento com os conceitos de eficácia, eficiência e efetividade, podemos resumir no quadro 3 a essência do que deve ser um alto desempenho.

Sugerimos uma rápida reflexão para que possamos exemplificar, na prática, o que estamos querendo explicar. Recupere em sua memória uma experiência emocionalmente forte que você tenha tido com um serviço que lhe foi prestado ou um produto adquirido de uma empresa que o tenha marcado.

Quadro 3

PRINCÍPIOS FUNDAMENTAIS DE EAD E PROJETOS

Princípios fundamentais		
Equipes de alto desempenho	Gerenciamento de projetos	
Eficácia	Escopo	O que entregar?
Efetividade	Tempo	Quando entregar?
Eficiência	Custo	Quanto custará?
	Qualidade	Com que padrão?

Caro leitor, muito provavelmente você deve ter se lembrado de uma, entre duas situações possíveis. Primeira hipótese: você recordou uma experiência de extremo prazer e satisfação com a qualidade do que lhe foi oferecido, superando todas as suas expectativas de cliente muito exigente. Segunda hipótese: você recordou uma experiência de extremo desprazer e insatisfação que o deixou muito frustrado com o que lhe foi entregue face ao que você verdadeiramente acreditava que estava comprando ou contratando. Talvez essas sejam as duas situações mais desafiadoras para uma organização. Esta última, por representar o fracasso, é a que deve ser evitada sempre; e aquela, por representar o sucesso esperado no mercado. Para se alcançar esse nível máximo de performance, é necessário que se tenha ao lado uma equipe de alto desempenho.

Procure compreender o que pode ter levado você a buscar em seu passado recente, ou mesmo distante, uma experiência extrema. Por que não lhe veio à mente um simples almoço *fastfood* da última terça-feira, o pão da manhã que você tradicionalmente compra na padaria da esquina de sua casa ou o atendimento do caixa do banco que recebeu o pagamento da sua conta de água? A resposta talvez esteja no fato de que o atendimento mediano, o serviço de nível apenas satisfatório ou produto que não encanta não faz uma empresa ser diferenciada. Para conquistar o *status* de excelência competitiva, é preciso buscar o detalhe que faça a empresa ser lembrada como uma referência positiva, um destaque no segmento em que se posiciona.

A título de revisão, verifique agora se consegue responder às perguntas colocadas no final da seção anterior e que acabaram por gerar a tônica das discussões dessa seção:

❏ Como identificar se minha equipe é uma equipe de alto desempenho?

❏ Como é possível desenvolver uma equipe para que ela tenha um alto desempenho?

❏ Qualquer profissional pode fazer parte desse tipo de equipe?

Algumas respostas para essas indagações reflexivas serão complementadas com os conteúdos apresentados na próxima seção, que irá tratar das competências dos líderes de equipes de alto desempenho.

Competências de um líder de equipes de alto desempenho

Vimos anteriormente que uma EAD deve saber compartilhar não só seus valores como também as metas, os recursos materiais ou intelectuais disponíveis e o próprio papel da liderança. A cooperação é um fator primordial para atender com criatividade às necessidades dos clientes. Deve-se também buscar com afinco o aprimoramento pessoal e a excelência dos processos, num ciclo constante de crescimento institucional coletivo. A motivação sempre elevada e a qualidade da comunicação muito irão ajudar em todos esses momentos, que requerem ação e resolutividade dos problemas. De certo modo, esses podem ser considerados os requisitos básicos de uma EAD. Porém, essas equipes devem ainda ser entendidas não apenas como um sistema integrado, mas também como um conjunto de profissionais, indivíduos únicos e dotados de suas características pessoais. Estas duas últimas seções do capítulo irão abordar justamente as características fundamentais que devem estar presentes nos líderes e, de certo modo, em todos aqueles que fazem parte da EAD.

Como já foi discutido, o papel da liderança em uma EAD não está vinculado à figura de uma pessoa específica. Um líder é o profissional que, entre muitas outras atribuições, deve ser capaz de orientar a equipe na direção a seguir. Afinal, a palavra "líder" tem origem no verbo inglês *to lead*, que significa conduzir, guiar, apontar o caminho. Um líder deve imbuir-se também da responsabilidade de distribuir papéis, promover *feedback*, estabelecer boa comunicação e gerir os processos motivacionais dos colegas, como pertinentemente sugere Kotter (2000). Em uma EAD, os integrantes são altamente motivados, comunicam-se de forma eficaz, conhecem as metas e diretrizes estratégicas, além de serem cônscios de seus papéis. Torna-se bastante razoável aceitar, portanto, que uma EAD seja capaz de compartilhar as responsabilidades de liderança, alternando contingencialmente os momentos que um ou outro assumirá o monitoramento da rota.

Vamos então destacar as principais características que um líder necessita ter ou desenvolver para promover um alto desempenho da equipe. Mais uma vez, ressaltamos que não se trata de um *pool* de competências a serem observadas em um profissional em destaque, mas, preferencialmente, em todos os integrantes de uma EAD.

Atitudes mais esperadas dos líderes de EAD

Espera-se que um líder de EAD seja capaz de:

❑ *inovar em processos* – entre as grandes responsabilidades que as empresas atribuem aos seus líderes, ganha posição de relevo a expectativa sobre práticas de inovação. Considera-se quase uma verdade absoluta o fato de que todas as organizações estão passando por algum processo de mudança. Essas remodelagens adaptativas são, em alguma instância, transformações que requerem criatividade por parte de quem as conduz. Inovar nos processos atuais é garantir que a gestão do negócio se mantenha eficiente por mais tempo. Algumas vezes, os meios de produção (custos operacionais, tempo de entrega, recursos físicos, fornecedores etc.) precisam ser revistos; outras vezes, as políticas de gestão de pessoas são o alvo dos ajustes (plano de carreiras, fontes de atração, salários e benefícios, programas de desenvolvimento etc.). De toda forma, os líderes das EADs devem olhar criticamente esses processos para agir com criatividade;

❑ *planejar e monitorar* – se os processos devem estar constantemente sob o crivo transformacional da liderança, é necessário que esse movimento de mudança esteja bem desenhado. O planejamento é um exercício constante nas rotinas dos líderes. Eles devem saber o que fazer, como fazer e quando fazer as intervenções estratégicas. Como toda prática que se propõe ajustar metas e rotas, as mudanças devem ser monitoradas em seus indicadores para que haja um controle efetivo da execução dos planos. A eficácia do planejamento está no monitoramento dos resultados esperados;

❑ *delegar atividades e responsabilidades* – um dos indicadores capazes de consolidar o sucesso de uma EAD está na capacidade que seus integrantes possuem para saber compartilhar as tarefas a serem feitas. Devemos entender que o compartilhamento das atividades não se limita a uma simples divisão equitativa das rotinas. A boa divisão leva em consideração também a competência de cada um e a qualidade da excelência com que os profissionais podem realizar uma ou outra função. Os líderes precisam, então, primeiramente, identificar quem está mais habilitado para receber uma missão. Em seguida, e de maneira intrinsecamente complementar, devem também delegar aos escolhidos a responsabilidade de conduzirem as tarefas para que as metas e objetivos definidos sejam alcançados. Eventualmente, esses profissionais podem ainda compartilhar suas dificuldades com os colegas;

❑ *gerir processos motivacionais* – teorias defendem com certa veemência que ninguém pode motivar outra pessoa, posto que a motivação é um fenômeno interno. Outras propostas teóricas tendem a afirmar que a motivação é um fator que pode e deve ser gerido pelos líderes. Deixando um pouco de lado as polêmicas conceituais sobre a possibilidade de conseguirmos motivar ou não alguém, é fato incontestável que faz parte do rol de responsabilidades das lideranças atentarem para os processos motivacionais dos integrantes de sua equipe. Eles poderão ser capazes de motivar diretamente ou apenas promover condições para que seus liderados identifiquem suas fontes de motivação, mas temos de ter em mente que não podem passar despercebidos os eventuais estados de satisfação, frustração, comprometimento, engajamento ocupacional, dentre outros fenômenos psicológicos que caracterizam a relação que se tem com o trabalho.

❑ *comunicar-se de maneira eficaz* – a qualidade do processo de comunicação deve ser alvo constante de preocupação entre os membros de uma EAD. É necessário que aqueles que estiverem momentaneamente com a responsabilidade de comunicar algum tipo de conteúdo aos demais (informação, tarefa, advertência, *feedback* etc.) o façam de maneira eficaz. A boa comunicação é o fenômeno que permitirá ao líder a gestão dos processos atuais, bem como a condução para as eventuais mudanças necessárias. Para tanto, ele deverá fazê-la sempre de maneira assertiva, cuidando da objetividade e da clareza do conteúdo a ser comunicado, caso contrário estará incorrendo em um dos maiores problemas que a comunicação pode trazer, que é justamente a presença de filtros ou barreiras nas relações interpessoais. Os líderes devem primar para que o foco seja a garantia dos resultados, controlando os ruídos e evitando os conflitos;

❑ *estimular a prática de feedback* – no conjunto das ferramentas associadas aos processos de comunicação, o *feedback* ganha posição de destaque por ser, em essência, a estratégia dos líderes para promover melhorias e provocar aumento de eficiência empresarial. Essas mudanças, sempre vistas como ganho coletivo, são consequências dos comunicados que permitiram reflexão sobre os pontos de melhoria. Na prática, *feedbacks* são convites às mudanças que geram crescimento organizacional ou pessoal, tanto na sua dimensão técnica quanto comportamental. *Feedbacks* são recursos importantes para uma adequada política de gestão de pessoas. E, nesse sentido, é importante perceber que os líderes devem dar *feedbacks*, bem como receber *feedbacks* de seus liderados, estimulando-os a fornecerem suas percepções sobre o modo como as intervenções daqueles gestores estão sendo recebidas pelos profissionais;

❑ *ter escuta empática* – no tópico anterior ressaltamos a importância de os líderes investirem na estratégia de dar e pedir *feedback*. Para isso, é necessário que todos na equipe se predisponham ao aprimoramento de uma competência relacional, que é a escuta. Devemos aqui ressaltar que o ato de escutar é mais do que disponibilizar um tempo para ouvir alguém. O desejável é que esses profissionais de fato tenham uma habilidade interpessoal para receberem suas comunicações com uma postura empática. Acolher as demandas é uma estratégia de liderança para que se possa perceber em que pontos a organização pode melhorar seus processos. A escuta só é verdadeiramente empática quando a receptividade ao problema se transforma no comprometimento do gestor em resolver para o liderado, ou com ele, aquilo que foi solicitado.

Talvez o papel primeiro de todos os líderes seja a capacidade de escutar para identificar bem as necessidades.

É possível saber se alguém na equipe está desempenhando um bom papel de liderança. Para tanto, pode-se analisar, entre as atitudes que foram listadas, quais delas são praticadas e com que frequência elas são percebidas nas rotinas de trabalho. Isso pode se aplicar também à análise da própria capacidade de liderança. Quanto maior for o número de atitudes, bem como a frequência com que elas ocorrem, maior é a capacidade de liderança do profissional analisado.

Podemos perceber nesta seção que o exercício de uma boa liderança em uma EAD, tal como refletem Borges-Andrade, Abbad e Mourão (2006), é muito mais uma questão de atitude do que uma característica de personalidade ou atributo genético. Nos dias de hoje, devemos estar dispostos a rever o foco das discussões que trazem a luz dessa temática para a figura do sujeito-líder e buscar ampliar os conhecimentos sobre o fenômeno, o substantivo-liderança. A questão não deveria ser encontrar o líder de uma equipe e sim desenvolver atitudes de liderança naquele contexto. Cada um ou mesmo todos podem ter essas atitudes.

Além dos comportamentos típicos de liderança, outras características devem fazer parte das competências desejáveis para quem integra uma equipe de alto desempenho. A seção final deste capítulo irá apresentar alguns desses fatores, independentemente de o profissional ser ou não o líder formal das situações apresentadas pelo contexto.

Competências dos membros de equipes de alto desempenho

Nesta última seção do capítulo, vamos expor algumas competências desejáveis para os que postulam compor uma EAD.

Não obstante, é importante ressaltar que essas características, apesar de serem importantes, não devem ser valorizadas como um diferencial competitivo dentro da equipe. Os fatores que agora destacaremos associam-se para diversificar as qualidades técnicas e comportamentais dos profissionais, sem, contudo, discriminar diferenças. Para criar um padrão de alto desempenho, deve-se abandonar a cultura do mérito individual e maximizar os *feedbacks* de um sucesso coletivo. De questionável origem atribuída ao mítico jogador de basquete Michael Jordan, algumas empresas americanas ou de língua inglesa costumam usar em seus treinamentos o trocadilho "*There is no I in team*". Em tradução literal, significaria "não existe eu em uma equipe". Embora a frase faça uma alusão à letra "i" no conceito de "time", a ênfase do jogo de letras é reforçar que não se deve pensar individualmente (*I – eu*) quando se buscam resultados que sejam produto do esforço coletivo (*team*). Em uma verdadeira EAD, a palavra de ordem deve ser sempre o "nós" e jamais o "eu".

A análise de uma retrospectiva na história do esporte pode ilustrar essa discussão. A Fifa (Fédération Internationale de Football Association) instituiu o prêmio de melhor jogador do ano em 1991. O primeiro atleta a ganhar o título foi o alemão Lothar Matthäus. Desde então, nenhum outro jogador daquele país sagrou-se vencedor do prêmio. Por outro lado, a seleção da Alemanha foi a que mais participou de finais de copa do mundo, tendo conquistado quatro em suas oito participações. Isso nos parece indicar que as metas da federação alemã não demonstram estar muito voltadas para a formação de um grande craque de futebol. Ao contrário, a regularidade dos bons resultados, o valor da conquista coletiva, o sucesso da equipe norteiam as políticas nacionais germânicas, também em outras modalidades.

Em um esporte de equipe como o futebol, o brilho de um único atleta, o estrelismo de um jogador e a glória do mérito individual não parecem ser uma estratégia adequada para o alcance de ótimos resultados. As equipes de trabalho nas organizações devem pautar suas rotinas de atividades em filosofias semelhantes. A estabilidade dos indicadores de desempenho em nível elevado e o senso de ganho coletivo necessitam ser a tônica das estratégias de gestão.

Se considerarmos que os membros de uma EAD são, de certo modo e em algum momento, líderes dessa equipe, tornam-se válidas também, como características de cada integrante, competências descritas na seção anterior sobre líderes de uma EAD. Contudo queremos agora dar uma atenção especial ao conjunto de competências que podem ser percebidas em profissionais que compartilham a cultura de trabalhar com foco em alto desempenho.

Competências mais esperadas dos membros de uma EAD

Antes de elencar as competências principais que caracterizam os integrantes dessas equipes, permita-nos, leitor, uma breve recordação do conceito de competência tal como o mercado tem adotado. Atualmente, a definição mais encontrada nas referências bibliográficas do tema é o modelo do CHA, cuja sigla remete às dimensões conhecimento, habilidade e atitude. Essa proposta teórica foi impactantemente discutida por Durand (1998) na Conference of Management of Competence, em Oslo (Noruega), com o trabalho intitulado "Forms of incompetence". Desde então, o material tem sido considerado um clássico na literatura do assunto, consolidando-se com grande valor heurístico, gerando um acervo internacional de pesquisas e publicações. Contudo, vale esclarecer que esses termos já se encontravam descritos por David McClelland (1973) no célebre artigo "Testing for competence rather than inteligence".

No Brasil, cabe à psicóloga Rabaglio (2001, 2006) o destaque na difusão dos conceitos daquele modelo, bem como na aplicabilidade deles nos processos de gestão por competências. É oportuno dizer que o conceito de competência como junção de conhecimento, habilidade e atitude (CHA.) não é o único que pode ser encontrado nas bibliografias sobre o assunto, mas sem dúvida é o mais recorrente e discutido entre os gestores de pessoas. Para uma compreensão melhor dessa reflexão conceitual, Fleury e Fleury (2000) descrevem uma extensa apresentação sobre concepções terminológicas de competência.

Outra consideração importante é que, como toda teoria que tem o compromisso de se atualizar diante das novas realidades apresentadas pela sociedade, a proposta teórica do CHA também tem sido revisada com acréscimos em sua sigla original. Uma das propostas é a sigla CHAVE, em que o V faz referência aos valores praticados pelo profissional e o E diz respeito ao entusiasmo, ao entorno, à emoção ou, por vezes, à energia do indivíduo aplicada às suas práticas laborais. Para Dutra (2001), contudo, o V deve ser entendido como vontade e o E como expressão, ambas relacionadas aos princípios internos individuais que possam garantir as entregas que um trabalhador efetiva para atender às expectativas da organização sobre sua performance. Em que pese à discussão nada consensual de que esse *pool* de palavras reunidas para significar as letras V e E da sigla revisada possa ser oportuna, é lícito considerar que, de certa forma, elas estejam parcialmente contempladas nas outras dimensões do conceito original. Especificamente, o V, incluído como referência aos valores ou à vontade, pode ser considerado uma variante da dimensão atitudinal (A). Outras propostas informais têm sido adotadas em programas de gestão de competências sob a apresentação da sigla CHAO, em que a letra O destina-se a reunir um conjunto de outras competências fundamentais para caracterizar a excelência de um profissional. A discussão, contudo, parece caminhar muito mais para um exercício léxico do que para uma efetiva contribuição teórica ou ferramental.

Quando o assunto a ser estudado é o fenômeno das competências no mundo do trabalho, é importante lembrar a valiosa contribuição de Prahalad e Hamel (1990). Em artigo publicado na *Harvard Business Review*, os autores descrevem a diferença entre competências individuais de um profissional e as competências essenciais de uma organização ou, como nomeado originalmente, as *core competences*. Conhecer as competências fundamentais da empresa é uma atitude mais do que estratégica para quem deseja ser um profissional competente e comprometido, pois elas retratam a essência dos propósitos e dos recursos disponíveis para a execução da missão.

Ainda que isso nos pareça algo realmente importante para o contexto da formação de gestores, temos por dever delimitar aqui nossas discussões para o tema das competências individuais. Devemos acordar que competência, tal como ressaltado por Fleury e Fleury (2000:53), "é o conjunto de conhecimentos, habilidades e atitudes que justificam uma alta performance". Nesta seção descreveremos agora algumas das principais competências desejadas para os integrantes de uma equipe de alto desempenho.

❑ *empatia* – uma das condições básicas para a construção de resultados efetivos é a disposição dos integrantes de uma equipe para compreender a necessidade dos outros e, em decorrência delas, atender àqueles que precisam de suporte. Essa identificação, dotada de afinidade emocional, permite que os demais integrantes não sejam sobrecarregados de tarefas. A atitude altruísta dos profissionais empáticos estende-se não apenas à solidariedade na redistribuição das atividades, como também à sensibilidade para identificar pontos de conflitos. A qualidade dos relacionamentos no ambiente de trabalho, tal como nos outros contextos de interação humana, decorre da competência de nos colocarmos no lugar do outro para avaliarmos a complexidade da situação. Conceitos tradicionais como sinergia, espírito de coletividade e bom trabalho em equipe pressupõem uma competência empática daqueles que compõem o quadro desse conjunto (Boog e Boog, 2002).

- *autoeficácia* – talvez o conceito de autoeficácia ainda não tenha sido suficientemente tratado no campo das competências profissionais para realização de atividades de alto desempenho. Contudo, o termo foi introduzido nas ciências humanas pelo psicólogo Albert Bandura e descreve a percepção do indivíduo sobre suas capacidades para alcançar os objetivos a que se propõe (Bandura, Azzi e Polyoro, 2008), sendo o termo bastante referenciado em pesquisas sobre aprendizagem, adesão a tratamentos médicos e superação em atletas de alta performance, estamos aqui reforçando que essa atitude autorreferente de obstinação aproxima-se, em outras palavras, ao que os programas de gestão de pessoas costumam nomear "manutenção do foco no resultado". A crença no próprio potencial de desempenho tem estreita relação com motivação, comprometimento pessoal, perseverança, autoconfiança e outras condutas de sucesso no trabalho;

- *transparência* – quando nos referimos a uma atitude transparente como competência profissional, é importante que você compreenda que o termo é muito mais do que apenas um certo padrão ético de comportamento. Talvez essa associação subdimensionada esteja mais alinhada com o conceito de transparência institucional. Ter transparência costuma ser entendido como um conjunto de ações honestas, corretas e dotadas de virtudes associadas a juízo de valor. No entanto, se considerarmos que isso é um pré-requisito básico para o profissionalismo, devemos então ampliar o entendimento do termo para os padrões de comunicação, de sinceridade e de intenções. Para que os processos do cenário presente possam ser realinhados e remodelados, a qualidade da comunicação interpessoal em sua transparência deve ser a tônica das trocas de mensagens que mantêm o entrosamento produtivo das equipes de alto desempenho (Tonet et al., 2009).

❏ *inteligência emocional* – as propostas iniciais de David Goleman sobre a importância da inteligência emocional no desenvolvimento humano ganham lugar de destaque nas discussões sobre capacidades profissionais para os que fazem parte de uma EAD. Em sua obra sobre a aplicabilidade dessa competência no mundo do trabalho, Goleman (1998) enfatiza que o uso adequado e equilibrado dos processos cognitivos e emocionais não apenas garante a qualidade das relações entre pessoas. Mais do que isso, em âmbito individual, é verdadeiramente uma chave que torna possível a superação dos desafios e o aprimoramento constante dos processos de trabalho. Destaca o autor que ser bem ou malsucedido nas competências profissionais do mercado atual de alta exigência depende de uma atenção especial para a capacidade de saber lidar inteligentemente com as próprias emoções e com as dos demais integrantes da equipe de trabalho;

❏ *autogestão* – para cumprir com sucesso o papel de inte grante de uma equipe de alto desempenho é fundamental que o profissional tenha uma conduta de autogestão de sua performance. Isso significa dizer que ações como iniciativa para resolver problemas, responsabilidade com as entregas, comprometimento com a instituição e com os demais componentes da equipe devem fazer parte do seu foco comportamental. Ao mesmo tempo que o autogerenciamento requer certa cultura organizacional de valorização da autonomia, do empoderamento e da confiança no trabalhador, este deve, por sua vez, buscar responder a essas expectativas, tanto para a empresa quanto para si próprio. A motivação para superar as metas já alcançadas deve ser a chave para o estabelecimento dos limites que definem a necessidade de aumento da eficiência dos resultados. Vecchio (2008) ressalta que a adoção do modelo de autogestão pode ser considerada fator crítico para o sucesso empresarial.

Assim como Prahalad e Hamel (1990) e também Green (2000) defendem a proposta de divisão das competências em individuais e organizacionais, queremos aqui sugerir a subdivisão das competências individuais em duas dimensões: intrapessoal e interpessoal.

As competências individuais com dimensão intrapessoal abrangem o conjunto das características do profissional e impactam em nível subjetivo seu comportamento, sem que haja uma influência direta sobre os demais integrantes da equipe. São exemplos de fenômenos intrapessoais ou intrassubjetivos percebidos no contexto do trabalho: motivação, satisfação, frustração, insatisfação, empatia, inteligência emocional, comprometimento, pontualidade, ambição, características de personalidade, interesse e as próprias competências individuais descritas no CHA (conhecimentos, habilidades e atitudes).

As competências individuais com dimensão interpessoal, por sua vez, agrupam um conjunto de comportamentos que decorrem da interação dos integrantes da equipe e, por isso, definem a qualidade das relações intersubjetivas. São exemplos de fenômenos relacionais presentes no contexto do trabalho em equipe: comunicação, cooperação, competição, conflitos, liderança, práticas de *feedback* e a própria ética, entendida aqui como um comportamento voltado à manutenção da qualidade das relações humanas. O quadro 4 ilustra o que acabamos de expor.

Quadro 4
COMPETÊNCIAS ORGANIZACIONAIS E INDIVIDUAIS

Competências		
Organizacionais	**Individuais**	
	Intrapessoal	Interpessoal
❑ Certificação de qualidade ❑ Tecnologia única ❑ Produto exclusivo ❑ Melhor relação custo-benefício do mercado	❑ Motivação ❑ Conhecimentos ❑ Habilidades ❑ Atitudes ❑ Outros	❑ Comunicação ❑ Liderança ❑ Ética ❑ Cooperação ❑ Outros

É relevante também considerar que, para um gestor de pessoas exercer de maneira excelente seu papel de líder de uma equipe de alto desempenho, ele deve estar atento tanto aos comportamentos intrapessoais quanto aos comportamentos interpessoais. Gerir uma equipe requer um manejo competente das características de cada profissional, bem como das relações estabelecidas entre eles. Formar uma grande equipe, desenvolvê-la em suas competências individuais e relacionais para torná-la uma EAD pressupõe um foco simultâneo e igualmente importante nas questões intrassubjetivas e intersubjetivas.

Mas saber o que é uma equipe de alto desempenho, identificar e vencer os desafios para que elas sejam construídas e encontrar ou desenvolver as competências de seus integrantes, tudo isso pode ser considerado parte do papel dos gestores. O passo seguinte, assunto que iremos abordar no próximo capítulo, é a gestão no dia a dia dessas equipes. Você encontrará subsídios para identificar as vantagens de uma equipe diversificada, a importância da clara definição dos papéis de cada membro e saber como criar a sinergia necessária para a performance adequada.

3

Gestão de equipes de alto desempenho

No cenário de negócios contemporâneo poucos profissionais dominam o total espectro de atividades e atribuições organizacionais, em que tomadas de decisões e resultados dependem muitas vezes da formação de equipes flexíveis, estabelecidas não somente em estruturas funcionais, mas em novos formatos organizacionais estruturados em matriz ou por projetos.

Porém, para atender com maior eficácia às atuais demandas organizacionais faz-se necessária a formação de equipes de desempenho superior, predominantemente com um número reduzido de membros, de natureza diversificada e de competências complementares.

Caro leitor, a nossa proposta para este capítulo é apresentar e desenvolver o tema da diversidade na definição das equipes, com ênfase nas EADs, bem como as implicações e consequências sobre elas, com vistas à otimização do desempenho dessas equipes, objetivando a eficácia organizacional

Na última parte deste capítulo, serão apresentados aspectos importantes para o desenvolvimento e consolidação das EADs, envolvendo a sinergia e a confiança entre seus membros, bem como os inerentes elementos motivacionais, o *empowerment* e o estabelecimento do comprometimento das equipes.

Identificação e definição dos membros de equipes de alto desempenho: a importância da diversidade

A diversidade nas organizações pode ser percebida por meio de um conjunto de características observáveis e não observáveis de seus colaboradores. As características observáveis são, por exemplo, gênero, raça, etnia e idade. As não observáveis podem ser exemplificadas pelos aspectos culturais, nível de educação, experiência funcional, tempo de empresa e padrões de personalidade.

Para a melhor compreensão do tema diversidade relacionamos algumas das várias definições presentes na literatura sobre o mesmo.

❏ Refere-se às diferenças físicas e culturais que constituem o espectro humano, ou ainda aquelas qualidades humanas que são diferentes do próprio indivíduo ou grupo externo ao qual se pertence (Loden e Roserner, 1991).
❏ Diz respeito ao pertencimento aos grupos que são visivelmente ou invisivelmente diferentes de qualquer que seja considerado o padrão (*mainstream*) em uma sociedade (Mor Barak, 2005).
❏ Nas organizações, a diversidade refere-se à divisão da força de trabalho em distintas categorias em um dado contexto e que possui o impacto potencial de benefícios ou prejuízos no resultado do trabalho como: oportunidade de crescimento, forma de tratamento, promoção independente das habilidades e qualificações para as tarefas (Mor Barak e Levin, 2002).
❏ Ainda, no ambiente organizacional a diversidade se refere às diferenças entre perspectivas e abordagens que possivelmente

afetam a aceitação, desempenho e satisfação no trabalho, ideias sobre como realizar as tarefas ou sobre a evolução em uma organização (Ely e Thomas, 2001).

Em uma visão ampliada, Thomas Jr. (1996:5) propõe que a diversidade se "refere a alguma mescla de itens caracterizados por diferenças e semelhanças". Essa definição considera alguns aspectos como:

❑ diversidade não é sinônimo de diferenças, mas engloba diferenças e semelhanças;
❑ diversidade refere-se a mesclas de diferenças e similaridades em uma dada dimensão;
❑ os elementos componentes das mesclas de diversidade podem variar; portanto, nas questões sobre a diversidade devem ser especificadas quais dimensões da mesma estão sendo consideradas.

Nas organizações, a diversidade (ou seu oposto, a homogeneidade) refere-se às diferenças (ou similaridades) entre seus membros quer nas áreas funcionais, quer em suas equipes de trabalho.

Com o entendimento dessa perspectiva da diversidade, as organizações vêm apresentando uma crescente preocupação com programas de diversidade que visam e incentivam a estrutura de equipes de trabalho para sua eficácia organizacional. Esses programas buscam alavancar, nas equipes de trabalho, seu potencial para a criatividade, resolução de problemas e tomada de decisão. No entanto, como apontado por Cox Jr. (1991), as diferenças entre membros das equipes podem dificultar a comunicação e negociação entre eles. Além disso, os programas ou intervenções de diversidade acabam promovendo estereótipos. Servem, nesse caso, para exaltar as diferenças entre grupos da população de empregados, nos quais alguns possuem mais privilégios do que outros.

Os estereótipos são decorrentes da diferença entre o mundo externo e os modelos mentais ou quadros que as pessoas levam em sua mente. No interior de cada uma das culturas, o que as pessoas consideram normas e referências presentes em seus modelos mentais são muito semelhantes, sendo disseminadas e perpetuadas por seus membros.

O estereótipo tem uma natureza cognitiva e possui uma atribuição de generalização em relação a características similares designadas aos elementos de um grupo, não considerando, no entanto, as variações reais entre esses membros. A partir de sua formação, os estereótipos são resistentes à mudança, mesmo que surjam novas informações que possam apresentar um significado contrário aos atributos que caracterizam o estereótipo.

Vale ressaltar que os estereótipos não se referem necessariamente a aspectos emocionais ou intenções negativas; eles são uma forma de simplificar ideias e visões de mundo.

Como exemplo, às mulheres é atribuído um comportamento socialmente considerado mais sensível, que visa ao bem-estar das outras pessoas. Em função dessas características, é mais frequente, nas organizações, atribuir-se como femininas as atividades da área de RH ou trabalhos de precisão manual que requerem delicadeza, esmero e paciência. Em contrapartida, aos homens em geral se atribui uma característica dominante, competitiva e controladora. E, nesse caso, lhes são atribuídas tarefas que requerem vigor físico ou ações que exijam rigor de comando, tanto operacional quanto estratégico. Muitas vezes, os estereótipos tendem a subestimar as reais diferenças entre os sexos, pois uma mulher pode atuar com o estilo de gênero masculino, como no comando de organizações muito competitivas, ou um homem pode exercer sua atividade com um estilo feminino ao lidar com um público que requer mais sensibilidade e empatia interpessoal.

Por conseguinte, devido à crescente distribuição demográfica e de natureza diversa nas organizações, tem-se desenvolvido a formação de equipes com membros também diversos em idade, sexo, raça, nacionalidade, formação educacional, níveis de experiência, entre outras dimensões da diversidade.

A própria complexidade do mundo organizacional contemporâneo exige cada vez mais soluções e respostas às demandas do mercado, que são mais ágeis, flexíveis e precisas. Por conseguinte, se requer das organizações a construção de soluções de natureza multidisciplinar, o que é obtido por equipes, quer sejam temporárias, de projetos ou permanentes. Qualquer que seja o tipo de equipe, ela é construída por membros de diferentes tipos e características, criando-se um ambiente coletivo de diversidade. "Por opção ou por acaso os membros da equipe diferem entre si em uma variedade de dimensões" da diversidade, ressaltam Hanashiro e Queiroz (2006:2).

Mas quais são as dimensões da diversidade nas organizações que produzem os estereótipos mencionados?

As principais dimensões da diversidade organizacional são as seguintes:

❑ diversidade demográfica: gênero, etnia, raça, idade, características físicas, religião, escolaridade e educação;
❑ diversidade psicológica: valores, crenças, atitudes, conhecimentos, habilidades, capacidades, personalidade e estilos de comportamentos cognitivos;
❑ diversidade organizacional: tempo de empresa, tipo de ocupação, nível hierárquico, especialidade, afiliação departamental, atuação presencial ou virtual.

No entanto, o conceito de diversidade nas organizações encontra-se em constante expansão. A expansão do tema diversidade aplica-se não só a pessoas que possuem similaridades em alguns sentidos e diferenças em outros aspectos, como gênero, raça ou etnia, mas também em aspectos intangíveis, como ideias, procedimentos, maneiras de entender as coisas, entre outros, que são considerados por Svyantek e Bott (2004) formas não observáveis da diversidade nas organizações.

Um exemplo de sucesso com EADs que foram constituídas considerando as diversidades em áreas funcionais e de conhecimentos de seus membros é o da NCR Corporation, como iremos relatar a seguir.

A NCR Corporation, tradicional empresa internacional da área de soluções para automação comercial e industrial, desenvolveu equipes denominadas CFT (equipes focadas no cliente), envolvendo funcionários das áreas de finanças, marketing, vendas, logística e RH, com o propósito de atuarem junto aos clientes-alvo. A NCR alcançou, com essa estratégia, a melhoria de produtividade, de atendimento e de foco das atividades junto aos clientes, incrementando em 20% as vendas em menos de um ano. Com isso se pôde, também, promover as avaliações da equipe e a justa recompensa de todos os seus membros, decorrente do sucesso da meta atingida (Ulrich e Smallwood, 2007).

Thompson e Gooler (1996) também definem equipe de trabalho como produto de uma integração dinâmica entre indivíduos compromissados com um propósito comum (tarefas ou projetos, por exemplo) e um conjunto de metas de desempenho pelas quais eles se mantêm mutuamente responsáveis, em que os esforços produzem algo além do individual e dos produtos. Esse conjunto de indivíduos que formam a equipe devem ser interdependentes em suas tarefas, possuir clareza de objetivos e metas, compartilhando responsabilidades na busca dos resultados individuais e coletivos para as respectivas organizações.

Portanto, as organizações, para obter a maior eficácia e desempenho das equipes de trabalho, necessitam gerenciar de forma efetiva a diversidade existente no lócus organizacional em que estão inseridas as equipes.

O gerenciamento da diversidade é definido por Cox Jr. (1993) como o planejamento e implantação de sistemas e práticas organizacionais para gerenciar pessoas, de forma que a potencial vantagem da diversidade seja maximizada, enquanto sua desvantagem potencial seja minimizada.

> Como podemos impulsionar a habilidade gerencial para processar dados diversos e complexos que compõem o ambiente organizacional contemporâneo?

Thomas Jr. (1996) apresenta oito aspectos para se lidar com as questões do gerenciamento da diversidade, ressaltando a necessidade de clareza no entendimento dos problemas e das tensões decorrentes desse paradigma diverso, como segue:

❏ inclusão ou exclusão: expandindo ou minimizando a variação de componentes;
❏ negação: minimizando a mescla de diversidade;
❏ assimilação: minimizando a mescla conformando à minoria as normas dominantes;
❏ supressão: minimizando a diversidade removendo-a da consciência;
❏ isolamento: conduzindo a diversidade pela inclusão de diferentes mesclas externamente ao grupo diverso;
❏ tolerância: direcionando a diversidade e promovendo atitude dentro de interações superficiais entre a mescla de componentes;
❏ construção de relacionamentos: direcionando a diversidade pela promoção da qualidade dos relacionamentos caracterizada pela aceitação e entendimento entre a mescla de componentes;
❏ promoção da adaptação mútua: conduzindo a diversidade e promovendo a adaptação mútua na qual todos os componentes mudam alguma coisa visando alcançar objetivos comuns.

Nessa proposta do autor, somente a opção de "promoção de adaptação mútua" endossa as questões referentes à diversidade; as demais tentam minimizar os aspectos relacionados à integração e redução de conflitos em uma equipe com maior diversidade de seus membros.

A adaptação mútua vem sendo percebida nas organizações de forma mais evidente pelos colaboradores da chamada geração Y, por sua característica de maior adaptabilidade e pronta reação às constantes mudanças dos ambientes interno e externo das organizações, bem como melhor aceitação e convivência com as diferenças, assimilando-as e incorporando-as no seu modo de agir e pensar pessoal e organizacional (Lancaster e Stilman, 2011).

Assim, se faz mister que em uma EAD haja o reconhecimento das potencialidades de seus membros, com competências complementares, estabelecimento de confiança e, mais além, que os objetivos individuais e coletivos sejam claros e os papéis sejam bem definidos desde a constituição da equipe e constantemente reavaliados mediante as mudanças de percursos e desafios a que os membros da equipe são submetidos.

Definição de objetivos e papéis dos membros da equipe

O atual panorama de negócios, pautado por constantes desafios em face da acirrada competição globalizada, levou as organizações ao redesenho de suas arquiteturas organizacionais. A estrutura funcional hierarquizada e pautada na divisão das atividades organizacionais em áreas, setores e departamentos especializados por tipo de função, embora presente ainda em muitas organizações, tem dado espaço para novos arranjos colaborativos.

Dessa forma, hoje podemos encontrar nas organizações estruturas moldadas por processos, por projetos, matriciais, as quais incorporam as estruturas funcionais, compartilhando recursos, inclusive humanos, com equipes de projetos, estruturas híbridas ou compostas, que agregam vários arranjos colaborativos em função das áreas de negócio, estratégias e momentos da organização (Marras e Cardoso, 2013).

Como consequência, os papéis dos empregados e a cadeia de subordinação, que antes eram muito bem definidos entre os empregados, que atuavam como funcionários de linha, encarregados, supervisores, gerentes, hoje dão espaço para novos papéis em modelos multifuncionais ou especialistas, com profissionais se reportando às várias gerências, sejam elas funcionais, de projetos ou ambas, operando de forma presencial ou virtual.

> E o que isso implica em termos dos papéis e das responsabilidades do profissional no momento atual?

Desenvolver novas competências, como a de assumir vários papéis ao mesmo tempo, trabalhar em uma ou mais áreas funcionais, por vezes ao mesmo tempo em equipes estruturadas por projetos, com objetivos e metas distintos, é uma tarefa do perfil profissional de hoje. Além disso, os profissionais deverão estar preparados para atuar muitas vezes sob o comando de gerências com estilos de gestão diferentes ou ainda gerenciando áreas funcionais ou de projetos, porém com recursos compartilhados com outras gerências, funcionais ou de projetos, pautadas pela competição de recursos e interesses estratégicos organizacionais, esses instáveis em um cenário de constante mudança.

Essa atuação multifacetada exigida do profissional pode ser comparada à de um ator ou atriz que em uma única peça assume vários personagens ao mesmo tempo, atuando em papéis distintos como se fossem vários atores que convergem em um único ator ou atriz.

Em uma EAD, essa competência deve estar presente em seus membros, e de forma destacada particularmente nos modelos autogeridos, em que a liderança situacional emergente pode ser assumida individualmente por seus membros em contextos e papéis diferentes. Para exemplificar, podemos citar a situação em que um membro da equipe pode assumir o comando em uma reunião com um cliente pela sua competência de comunicação e empatia, importantes em uma negociação, e em outro momento assumir a liderança da equipe em uma atividade que requer sua especialização técnica.

Daí a importância da diversidade de competências na estruturação dos membros da EAD, de forma complementar e, ao mesmo tempo, com papéis multiespecialistas a serem assumidos pelos componentes da equipe.

Thompson e Gooler (1996) apresentam um estudo de desempenho de equipes diversas envolvendo dimensões de diversidade, atitudes, processos e resultados.

Nesse estudo os autores ressaltam que os potencias de produtividade das equipes diferem da produtividade real devido às perdas no processo, como as decorrentes das falhas da equipe na utilização de seus recursos por problemas de comunicação, falhas de percepção, erros de julgamento, estereótipos.

Os conflitos são inevitáveis na maioria das equipes de trabalho. Em especial, porque as equipes representam relações interdependentes nas quais os papéis e responsabilidades muitas vezes não são bem definidos ou mudam com o objetivo de atender aos requisitos das mudanças de tarefas ou projetos.

Entretanto, os conflitos têm contribuído para a efetividade das equipes e das organizações, levantando os problemas pendentes, incentivando os membros a aprenderem mais sobre cada um dos pontos de vista dos demais. Tal fato pode permitir a geração de novas ideias e abordagens na resolução dos problemas e melhores tomadas de decisão (Thompson e Gooler, 1996).

Estes últimos autores revelam que os conflitos nas equipes podem ocorrer devido às características de personalidade, estilo de interação, recompensa por competição ou colaboração, regras e procedimentos para lidar com conflitos, contexto cultural, obstáculos na comunicação, dependência mútua dos membros, insatisfação de papéis, ambiguidade de metas, papéis e responsabilidades, disputa de recursos comuns e estereótipos em equipes de formação diversa.

Em relação aos estereótipos, as pesquisas sugerem que eles provavelmente ocorrem mais em equipes mais diversas, em função das dimensões visíveis da diversidade (idade, raça, gênero, nacionalidade, entre outras), pois são mais salientes. Assim, as equipes mais diversas podem gerar menor atratividade inicial devido à percepção pelos membros da dissimilaridade que pode levar à formação de coalizões ou subgrupos dentro de equipes diversas. Isso poderá retardar a coesão e integração da equipe como uma unidade de trabalho. Entretanto, como detalharemos à frente, essas equipes, ao longo do tempo, podem atingir alto nível de desempenho (EAD).

Desempenho das equipes

Para a análise dos resultados de uma equipe com desempenho superior, são três as dimensões de efetividade (Cohen e Bailey, 1997, apud Hanashiro e Queiroz, 2006):

❑ desempenho efetivo em termos de qualidade e quantidade de resultados – essa dimensão do desempenho está ligada à interdependência das atividades, resultados obtidos pela equipe, compartilhamento de responsabilidades e mérito, atuação multiárea, nível de integração e maturidade da equipe (Hanashiro e Queiroz, 2006:7);
❑ atitude dos integrantes – a dimensão atitudinal inclui a satisfação, comprometimento e confiança dos membros da

equipe; a dimensão comportamental considera "absenteísmo, rotatividade e segurança", como complementado por Hanashiro e Queiroz (2006:7);

❏ resultados comportamentais – devemos dessa dimensão considerar não só as relações entre os integrantes da equipe mas a ambiência e clima organizacional em que a equipe está inserida, os fatores de estruturação das equipes (missão, definição de objetivos, papéis, limites, composição e liderança), bem como as questões relacionais decorrentes do processo de constituição e funcionamento da equipe (planejamento, comunicação, recursos, sinergia, avaliação, recompensas e reconhecimentos).

O desempenho efetivo das equipes considera aspectos como eficiência na relação objetivos *versus* recursos, qualidade de produtos ou serviços realizados, produtividade nas atividades, capacidade e geração de inovação, atendimento de prazos pactuados e satisfação do cliente.

Entre as intervenções para obter um ganho no desempenho das equipes, Thompson e Gooler (1996) propuseram considerar os seguintes aspectos: processos interpessoais, conjunto de metas, definição de papéis dos membros das equipes para a execução de tarefas e resolução de problemas.

Os processos interpessoais estão relacionados ao grau de entendimento, coesão, administração de conflitos, confiança, motivação e compreensão das diferenças como alavancadores de alternativas e adaptabilidade às mudanças e desafios presentes no cotidiano das organizações.

As metas e objetivos pessoais, profissionais e coletivos têm de servir de referência uníssona para o estabelecimento das atribuições, recursos e competências na formação da equipe, visando à efetividade de resultados.

A definição de papéis para a resolução de problemas deve ser estabelecida em face da natureza dos objetivos e metas, processos e procedimentos de trabalho, recursos disponíveis e competências de natureza geralmente diversa e multifacetada na relação com os membros da equipe. Ainda para a definição dos papéis, devem-se considerar: o estilo de liderança, a cultura organizacional e a relação com as partes interessadas (clientes, fornecedores, acionistas, outras áreas funcionais, entre outras) no ambiente que permeia a organização em que a equipe se insere, como apontado por Marras e Cardoso (2013).

Outras dimensões, como os estereótipos, são relevantes no processo de informação e comunicação das equipes, pois as pessoas tendem a desconsiderar as informações contraditórias, as crenças e pensamentos dos estereótipos. Thompson e Gooler (1996) propõem que uma importante estratégia para lidar com estereótipos, que são geralmente resistentes à mudança, se baseia no volume de contato que os membros têm com as diferenças do outro. Ou seja, quanto mais vezes se interage com as características diversas do outro, menos essas vão sendo percebidas como distintivas, aumentando assim seu nível de aceitação.

Essa estratégia tem respaldo nas teorias clássicas da identidade pela ótica social e dos grupos nas organizações, como apresentado por Allport e Vernom (1954), em que se enfatiza que, quanto mais contato interpessoal com a diferença do outro, menos haverá falha de interpretação dos comportamentos mantidos pelo estereótipo, minimizando-se os erros de julgamento e conflitos.

O censo demográfico brasileiro de 2010 apontou algumas mudanças no perfil demográfico nas organizações por conta das mudanças desse na própria população. Por conseguinte, há uma maior diversificação da nossa força de trabalho e, portanto, a possibilidade de a organização contar com equipes mais heterogêneas quanto a nacionalidades, raças, costumes e valores e a consciência de que essas diferenças devem ser valorizadas pelos membros da equipe e por toda a organização.

Constataram-se no censo alguns dados importantes do ponto de vista demográfico, como:

❏ as mulheres possuem maior escolaridade do que os homens;
❏ os brancos possuem maior escolaridade do que negros e pardos;
❏ o rendimento médio dos homens é cerca de 30% acima do obtido pelas mulheres;
❏ cerca de 25% dos responsáveis pelos domicílios são mulheres;
❏ quase 15% da população apresentam algum tipo de deficiência.

Assim, o tema diversidade tem ganhado espaço não só no país, mas no âmbito das organizações, como reflexo de uma preocupação inicialmente de ordem social, política e ética, por um lado, e pela compreensão da dinâmica interna das equipes de trabalho, por outro. Ou seja, a utilização das diferenças entre os colaboradores vem sendo explorada por meio de trabalho em equipes na busca do atingimento de resultados e da efetividade organizacional.

A efetividade das equipes deve ser produto de planejamento, implementação e gerenciamento, com o objetivo de maximizar o potencial de vantagens do trabalho em equipes e minimizar potenciais desvantagens dentro de um contexto organizacional.

As medidas para avaliar a efetividade da EAD abrangem dois níveis de análise: o individual (membros da EAD) e o da própria EAD.

No nível individual, essas medidas envolvem (Cohen e Bailey, 1997):

❏ a satisfação;
❏ a aprendizagem individual;
❏ o desenvolvimento pessoal;
❏ a cooperação;

- ❏ o comprometimento;
- ❏ o absenteísmo;
- ❏ a predisposição ao desligamento da equipe.

No nível da EAD, as medidas de efetividade abrangem (Cohen e Bailey, 1997):

- ❏ a produtividade;
- ❏ a percepção do próprio desempenho.

As organizações então, em busca de melhoria da efetividade e desempenho individual e coletivo de seus empregados, em sua maioria, têm investido no aprimoramento das competências de seus profissionais. Isso requer programas de avaliações de desempenho que resgatem, em cada ambiente organizacional, as competências esperadas de cada empregado. O objetivo é apurar as lacunas de competências, visando ajustá-las a um modelo ideal, por meio de programas de treinamento e desenvolvimento organizacionais.

Para tal, além dos programas de treinamento e desenvolvimento com o uso de ferramentas técnicas para o aprimoramento profissional, é preciso considerar treinamentos que envolvam o uso da diversidade dos membros da equipe, visando atingir um desempenho superior como nas EADs.

O treinamento de diversidade organizacional é uma das ferramentas fundamentais para o crescimento da consciência e entendimento nos membros da equipe quanto aos impactos da diversidade. O conteúdo desses programas abrange, predominantemente, as dimensões visíveis da diversidade valendo-se exercícios participativos e vídeos, entre outros.

O ponto que destacamos é que, muitas vezes, as organizações se preocupam e investem mais tempo e recursos em melhorar as competências deficitárias do que em alavancar e aprimorar os talentos presentes em seus profissionais. Não estamos com isso descartando a importância de as organizações não se preocuparem e investirem prioritariamente nos chamados "pontos a melhorar" dos colaboradores.

Mas vejamos um exemplo que pode ilustrar melhor esse aspecto. Vamos imaginar que em um determinado teatro se apresente uma orquestra de música clássica que possui um violinista que atua em conjunto com os demais músicos mas que, em determinados momentos, faz uma atuação como solista. Toda vez que isso acontece, a plateia vai ao delírio por sua virtuosidade, Seu talento se destaca na orquestra e entre outas orquestras de música clássica que se apresentam naquele teatro.

Porém o maestro sabe que esse violinista toca quase sempre de ouvido, nunca se importou em aprender com a profundidade exigida a leitura de partituras. Sua atuação se baseia em ouvir os originais ou os demais colegas violinistas com uma ajuda incomum do maestro para superar essa lacuna de competências do violinista.

É claro que o fato de o violinista não ler bem partituras, indica uma limitação em sua competência de músico de orquestra, pois além das dificuldades de tirar sua parte de ouvido, corre o risco de, durante a apresentação, ser traído por sua memória auditiva, independentemente de sua comprovada habilidade com o violino.

E mais, é bem possível que durante o período de aprendizagem de leitura das partituras, o violinista despenda mais atenção e energia nessa tarefa, reduzindo sua concentração e inspiração nos seus solos e, portanto, com provável queda no desempenho de sua área de competência individual e da efetividade coletiva da orquestra, o que pode ser percebido pela plateia, decepcionando seu público.

Assim, a dúvida é: investir em um programa de treinamento de leitura de partituras, o que pode levar anos, ou investir no aprimoramento de técnicas de execução instrumental, estimular a busca de novos desafios práticos que ampliem ainda mais a excepcional competência do violinista que se destaca por sua habilidade, agilidade e primor ao arrancar sons e acordes que elevam o prestígio da equipe de músicos e o nome da orquestra? Caro leitor, essa é uma importante reflexão quando nos referimos ao tema de melhoria de competências, tanto individuais quanto coletivas.

Voltando às organizações, por analogia com a orquestra, o melhor, evidentemente, seria investir nos dois polos: melhorar ainda mais as competências decorrentes dos talentos dos profissionais e, ao mesmo tempo, também investir em melhorar a capacitação deles nos atributos de competência que ainda não atingem as expectativas de sua função.

No entanto, considerando a escassez de recursos e as políticas de redução de custos exigidas pelo cenário de competição que permeia as organizações e, como decorrência, a necessidade de operar com estruturas organizacionais flexíveis mas ao mesmo tempo enxutas e compartilhadas, presume-se que o foco e o investimento devam ser prioritários nas competências especiais e destacadas positivamente dos profissionais.

Com base nesse raciocínio, considerando que as EADs normalmente devem ser estruturadas com o número mínimo de membros com o máximo de competências complementares decorrentes dos talentos de seus componentes, vale a reflexão sobre a pertinência de direcionar os investimentos, estímulos, reconhecimento e recompensas que motivam ainda mais o uso competente dos seus talentos.

A análise da história do violinista tem um foco predominante na responsabilidade e no papel individual, que deve ser interpretado de forma competente para a maior efetividade da EAD, porém ainda cabe o mesmo raciocínio para o treinamento e desenvolvimento das competências coletivas.

Na EAD, cada membro funciona como um estimulador do desempenho dos outros membros e, portanto, recebe ao mesmo tempo estímulos de seus colegas de equipe, com o objetivo de conquistar desempenhos expressivos. A valorização e o sentimento de competência estimulado pelos membros da equipe entre si agem como um gatilho que dispara entusiasmo e energia para a produção de resultados extraordinários. Cada conquista deve ser comemorada e divulgada como forma de reconhecimento, com o fito de estimular e fortalecer a autoestima de cada membro para incentivá-lo à constante busca por novos patamares de resultados em seus desafios (Tonet et al., 2009).

Esse processo na EAD deve ocorrer em uma ambiência pautada pela abertura, franqueza, transparência nos objetivos e clima de amizade entre os membros. Dessa forma, a EAD se caracteriza e diferencia por um acentuado comprometimento coletivo dos membros da equipe, como ressaltado por Katzenbach e Smith (2001).

Identidade das equipes

Ao mesmo tempo que, para a formação das EADs, devemos considerar as competências complementares para a melhor efetividade da equipe, há a necessidade de a equipe desenvolver uma identidade própria e que a caracterize como singular se comparada a outras equipes. A definição de equipes com foco social, de Cohen e Bailey (1997:41), reforça a importância da construção identitária das equipes nas organizações, Segundo os autores, elas são:

> uma coletânea de indivíduos que são interdependentes nas suas tarefas, compartilham responsabilidades na busca de resultados, que veem e querem ser vistos por outros como uma entidade so-

cial intacta, inserido em um ou mais sistema social, gerenciando as suas relações ao longo das fronteiras organizacionais.

Definições como essa buscam a construção de papéis nas e das equipes, e contemplam alguns elementos como a interdependência dos membros, compartilhamento de responsabilidades em busca de melhores resultados, diferenciação das competências, integração e atuação multidisciplinar e, em alguns casos, multiáreas.

Os temas identidade e identificação organizacionais (Albert e Whetten, 2010; Hatch e Schultz, 2010) têm sido abordados por meio de manifestações de natureza simbólica, de linguagem textual e visual, muitas vezes ligadas à missão e aos objetivos das equipes de trabalho nas organizações, conduzindo às crenças socialmente construídas e compartilhadas pelos seus membros – quem somos nós –, quer como equipe, quer como organização.

Da mesma forma como nós identificamos a torcida de nosso time favorito de futebol por meio das cores da camisa, do brasão do time, do hino que a torcida canta para incentivá-lo e comemorar as vitórias, há a necessidade de caracterizar-se uma equipe por meio desses artefatos simbólicos.

Assim, há a necessidade imperiosa de as equipes em geral, e em especial a EAD, eleger um nome para identificá-la, ou ainda uma logomarca ou qualquer artefato simbólico que identifique e caracterize a equipe e seus membros per si e em relação a outras equipes.

Esses simbolismos, da mesma forma que em nosso time de futebol, estimulam a união dos membros, o encorajamento para enfrentar desafios, a comemoração coletiva das vitórias, o respaldo mediante as dificuldades e o orgulho de pertencimento a uma EAD específica.

Thomas e Ely (1996), após uma série de pesquisas em organizações de seguro e do sistema financeiro publicada no periódico *Havard Business Review*, apontam as condições relevantes para a construção e manutenção da identidade de equipes que contemplam uma ou mais dimensões da diversidade, bem como o importante papel da alta direção da organização na consolidação da identidade das equipes, quais sejam:

❑ a alta direção e as lideranças da organização devem compreender e aceitar a diversidade na força de trabalho, a qual deverá incorporar diferentes perspectivas e abordagens nas tarefas da equipe, e a decorrente variedade de opiniões e ideias;

❑ a organização também deve reconhecer a oportunidade de aprendizagem e superação de desafios que a expressão das diferentes perspectivas dos membros da equipe pode oferecer;

❑ a cultura organizacional deve criar uma expectativa de alto padrão de desempenho para cada membro da equipe;

❑ a cultura da organização deve estimular o desenvolvimento de alto desempenho;

❑ a cultura organizacional deve encorajar a abertura e transparência nas relações interpessoais e no tratamento de conflitos, esses mais comuns em equipes com membros diversos;

❑ a cultura organizacional deve fazer com que os membros das equipes se sintam valorizados;

❑ a organização deve articular e divulgar o amplo entendimento de sua missão;

❑ a organização deve ter uma estrutura relativamente equitativa e não burocrática para possibilitar a divulgação e troca de ideias, opiniões e expressões sem barreiras normativas e prejulgamentos que inibam essas ações e manifestações pelos membros da equipe.

Assim, o ambiente organizacional, a cultura organizacional, os estilos de gestão da alta direção podem ser fatores determinantes para a construção de equipes de alto desempenho. Cabe ainda ressaltar o papel da área de gestão de pessoas que, junto aos gestores das áreas de negócio, necessita utilizar as ferramentas estratégicas de gestão das competências, avaliação de desempenho, desenvolvimento de equipes, aprendizagem continuada, entre outras, para possibilitar a constante atualização de informações, treinamentos e técnicas necessárias para o desempenho das EADs.

Além desses aspectos, há de se considerar a influência, no desempenho das EADs, de sua própria característica quanto ao grau de homogeneidade ou heterogeneidade de seus membros.

Homogeneidade e heterogeneidade na EAD

Há vários estudos quanto ao desempenho de equipes envolvendo a diversidade, com base na homogeneidade e heterogeneidade de seus atributos demográficos (Hanashiro e Queiroz, 2005).

> Mas, qual é a melhor EAD? A mais homogênea ou a mais heterogênea em relação aos atributos de seus membros e seus papéis?

As pesquisas sobre a relação desempenho e diversidade nas equipes constataram que as equipes mais homogêneas tendem a contribuir para a eficiência da organização, otimizando os recursos e desenvolvendo com melhor desempenho os processos organizacionais revestidos de maior estabilidade e visibilidade. Isso porque a homogeneidade, por ser determinada pelo alto nível de similaridade interpessoal entre uma ou mais dimensões da diversidade, desenvolve com mais eficiência as tarefas presentes nas práticas e rotinas organizacionais. Essa similaridade interpessoal ainda se reflete na facilidade de comunicação, empatia e previsibilidade de comportamentos dos membros da equipe, porém pode levar a um questionamento sobre sua efetividade em termos de desempenho.

Já as equipes heterogêneas "reagem melhor às mudanças", como salientam Hanashiro e Queiroz (2006:5), e tendem a elevar a capacidade de adaptação da organização. Esses autores ressaltam também que as equipes mais diversas demonstram certa superioridade para a solução de novos problemas ou problemas pouco difundidos, uma vez que a diversidade de opinião, de conhecimento e de experiência amplia o horizonte de soluções alternativas. Por esse motivo, as pesquisas apontam também que as equipes heterogêneas são mais criativas coletivamente após superado o fato inicial de instabilidade nas relações, que, como já mencionado, caracteriza as equipes heterogêneas.

Um exemplo que pode evidenciar essas diferenças de desempenho entre equipes mais homogêneas ou mais heterogêneas se passa na formação de equipes em estruturas organizacionais funcionais em relação às equipes multidisciplinares nas organizações.

As equipes estruturadas em uma única área funcional normalmente são formadas por profissionais com perfil similar de competências técnicas, com conhecimentos e experiências que caracterizam a área funcional em que atuam (TI, gestão de pessoas, marketing, produção, finanças, logística etc.). Nessas áreas, se desenvolvem competências específicas para as respectivas atividades e responsabilidades na organização por profissionais que apresentam uma homogeneidade de atributos técnicos. Nesse tipo de estrutura organizacional funcional, o desempenho das equipes nas atividades e ações rotineiras, mais previsíveis pela construção de seu histórico de lições aprendidas, deve ser de natureza superior.

Já as equipes estruturadas de forma multidisciplinar, características das arquiteturas organizacionais projetizadas, que agregam profissionais de áreas diversas e decorrentes competências técnicas diferentes da organização, devem apresentar um melhor desempenho em face das constantes mudanças que os projetos demandam em seu escopo, nos custos, qualidade, cronograma de natureza interna e reflexos da conjuntura externa, muitas vezes difíceis de prever na fase de planejamento. As equipes estruturadas para projetos, diferentemente das estruturas funcionais, são temporárias, com prazo determinado de duração – enquanto durar o projeto. Cada projeto pode ser visto como uma breve história de um empreendimento ou de uma empresa, em que o fim já está determinado e sua gerência atua como se fosse o CEO de uma organização funcional. Essa característica não ocorre nas estruturas funcionais, que são planejadas e estabelecidas, normalmente, para durar enquanto durar a organização.

Assim, as equipes multidisciplinares, características das estruturas montadas para os projetos, por serem mais heterogêneas poderão apresentar um desempenho superior ao das equipes funcionais.

No entanto sua harmonização na fase inicial dos trabalhos pode apresentar uma dificuldade maior de entrosamento em face das diferenças. Isso depende muito da habilidade e liderança da gerência para valorizar as diferenças, mitigar os efeitos comportamentais decorrentes dos diferentes olhares, entendimentos e modelos mentais dos membros da equipe, buscando promover a aceitação ou, pelo menos, tolerância às diferenças mais emergentes. É fundamental que a liderança no dia a dia, por meio de atividades integradoras com os membros, busque na diversidade a amplitude e flexibilidade de conhecimento e experiências para fazer frente às necessárias soluções para as constantes demandas decorrentes das atividades e propósitos da equipe de forma inovadora e efetiva.

Em resumo, as equipes mais homogêneas são melhores solucionadores de problemas no dia a dia da organização, enquanto as equipes heterogêneas apresentam um desempenho superior para a solução de novos problemas. Por quê? Pelo fato de apresentarem uma diversidade de opiniões, de pontos de vista, de vivências mais abrangentes e diversificadas, o que possibilita um maior espectro para novas alternativas, tanto no tratamento de problemas quanto na apresentação de soluções.

A seguir, o quadro 5 apresenta um resumo de várias pesquisas sobre os atributos e efeitos da diversidade nas equipes heterogêneas em relação às vantagens e desvantagens em seu desempenho:

Quadro 5
VANTAGENS E DESVANTAGENS NO DESEMPENHO DAS EQUIPES SEGUNDO DIFERENTES FONTES DE DIVERSIDADES

Fonte da diversidade	Vantagem (+)	Neutra	Desvantagem (−)
Idade	Inovação Desempenho de curto/longo prazo		
Tempo de empresa	Desempenho de curto/longo prazo	Inovação	Desempenho no cumprimento de prazos
Escolaridade	Inovação Desempenho de curto/longo prazo		Velocidade na implementação de ações estratégicas
Heterogeneidade ocupacional	Desempenho de curto prazo	Desempenho de longo prazo	
Área funcional	Ação estratégica	Cumprimento de prazos	Velocidade de ação
	Desempenho de curto/longo prazo	Inovação	
	Envolvimento na decisão	Cumprimento de orçamento	
	Cumprimento de prazos		
	Inovação		

Fonte: adaptado de Hanashiro e Queiroz (2006).

Os aspectos de heterogeneidade e homogeneidade, bem como da construção de identidade das EADs, também devem perpassar pela autopercepção e pelo grau de identificação de cada membro em sua equipe. No estudo de Maira Gabriela Santos de Souza e Katia Elizabeth Puente-Palacios sobre o autoconceito e a satisfação dos membros da equipe, foi observado que o autoconceito profissional, a imagem de si e a percepção dos papéis desempenhados exercem influência nos níveis de satisfação de cada membro com a equipe a que pertence. Ou seja, sua realização profissional, que está ligada a suas necessidades individuais, impacta positivamente na satisfação com a equipe de trabalho porque as equipes de trabalho passam a funcionar como uma "ferramenta a partir da qual necessidades individuais passam a ser satisfeitas", complementam as autoras (Souza e Puente-Palacios, 2009:10).

Portanto, nas EADs, é importante o reconhecimento que cada membro da equipe tem de si mesmo em suas tarefas, ou seja, a confiança em si mesmo na execução das atividades, realizando-se assim profissionalmente. Desse modo, é possível desenvolver um intenso estado afetivo dos membros com sua EAD, atingindo individualmente os próprios objetivos e colaborando coletivamente para a obtenção de um desempenho altamente efetivo.

Outro aspecto relevante para efetividade nas tomadas de decisão das equipes se apoia na melhoria do sistema de comunicação por meio do uso das atuais ferramentas da tecnologia de informação, como internet, intranet, SMS, redes sociais, entre outros, de forma síncrona ou assíncrona e em ambiente presencial ou virtual.

Entretanto, a par do ferramental tecnológico à disposição dos colaboradores no ambiente organizacional contemporâneo, há também outros aspectos de significado mais intangível e vital na construção e consolidação das EADs: a motivação, o comprometimento e a autonomia de seus integrantes. Vejamos de que maneira isso pode contribuir para a consolidação de uma EAD.

Criação de sinergia e confiança entre os membros da equipe: motivação, comprometimento e empowerment

Nesta seção vamos discutir a importância de desenvolver a sinergia e a confiança nas equipes, o que favorece a motivação, o comprometimento e o desenvolvimento do *empowerment*.

Sabemos que, nos dias de hoje, as pessoas estão mais exigentes, mais esclarecidas e desejam ter mais autonomia. As organizações, por sua vez, precisam ter mais agilidade e se preocupam em reter seus talentos. Assim, se as pessoas querem participar mais e decidir junto, e as empresas precisam de pessoas motivadas e engajadas, entendemos que o *empowerment*, um processo de delegação de poder, é uma adequada ferramenta de desenvolvimento de pessoas e equipes, levando à aproximação entre os objetivos individuais e os objetivos organizacionais.

Tonet e colaboradores (2009) confirmam essa tese ao relatar que a prática do *empowerment* foi favorecida com a substituição do processo de verticalização pelo processo de horizontalização, fazendo com que as organizações direcionem suas práticas para seu público interno, com o objetivo de gerar agilidade e inovações, requisitos demandados no cenário atual. Comentam ainda que tal cenário, caracterizado essencialmente pela prática da autogestão, solicita profissionais diferenciados e com um perfil de comprometimento, competência, autonomia e capacidade de decisão, características que são adquiridas e mantidas com a prática do *empowerment*.

Esse exercício fomenta nas pessoas um sentimento de poder, elevando a autoestima, o que consiste em uma poderosa fonte motivacional. Nesse sentido, Miller (2011) comenta que valorizar a experiência do outro, dando-lhe autonomia, compartilhando experiências e estruturando estratégias de ação, é uma atitude que orientará os funcionários no sentido dos objetivos da organização. Essa é uma maneira de construir grandes equipes. Para aumentar a colaboração no processo de *empowerment*, Carroll (2010) sugere que se utilize um tom de voz calmo e amigável, que se mencione a importância da tarefa, que se façam perguntas, que se busque adaptar-se ao estilo do outro e se demonstre respeito, o que pode ser percebido por meio da linguagem utilizada, tom e volume de voz e das expressões facial e corporal.

Tracy (2004) comenta que é importante repassar algumas informações aos funcionários a fim de propiciar condições para que eles exerçam seu poder de decisão no dia a dia da empresa, como as metas e objetivos, os planos da organização, informações pertinentes de outros departamentos, relatórios sobre sua evolução e atingimento das metas estabelecidas, dados sobre o setor, informes sobre suas respectivas profissões e mudanças que estão por vir, para que as pessoas se preparem para elas. Tracy (2004:177) ainda descreve os 10 princípios do *empowerment*.

1. Diga às pessoas quais são suas responsabilidades.
2. Dê-lhes autoridade correspondente às suas responsabilidades.
3. Estabeleça padrões de excelência.
4. Ofereça-lhes o treinamento necessário à satisfação dos padrões.
5. Forneça-lhes conhecimento e informação.
6. Dê-lhes *feedback* sobre seu desempenho.
7. Reconheça-as pelas suas realizações.
8. Confie nelas.
9. Dê-lhes permissão para errar.
10. Trate-as com dignidade e respeito.

Motivação e comprometimento são temas altamente relacionados. A autonomia gera comprometimento, o que faz com que as pessoas fiquem mais motivadas. O inverso também acontece, ou seja, motivação gera comprometimento. E pessoas comprometidas são engajadas. Macey e colaboradores (2011) afirmam que engajamento é um golpe mental de imersão, empenho, absorção, concentração e envolvimento. Segundo os autores, uma característica-chave de pessoas engajadas é a adaptabilidade e proatividade. São funcionários que encontram formas de expandir suas habilidades principalmente no que é importante para o desempenho de suas funções e resistem muito bem aos obstáculos, buscando gerar resultados independentemente da situação em que a empresa se encontra.

As empresas devem oferecer condições para que seus funcionários se engajem e, assim, possam gerar excelentes resultados financeiros. Na figura 2, podemos visualizar a conceituação de engajamento, com seus antecedentes e suas consequências.

Figura 2
CADEIA DE VALORES DO ENGAJAMENTO DOS FUNCIONÁRIOS

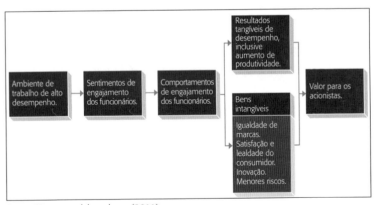

Fonte: Macey e colaboradores (2011).

Podemos perceber que o antecedente, que é o ambiente de trabalho, é um facilitador do engajamento e merece nossa atenção, pois encoraja os funcionários a se disponibilizarem, e esse compromisso tem duas facetas: uma psicológica, relacionada ao modo como as pessoas se sentem, ou seja, concentradas, entusiasmadas; outra comportamental, que diz respeito a como elas se comportam, se são persistentes, adaptáveis, proativas.

O engajamento leva ao melhor desempenho, pelo ponto de vista tangível, e a um conjunto de bens intangíveis que se traduzem na lealdade e imagem, o que leva a uma redução do risco da organização. Isso pode ser visto como um mapeamento estratégico e, assim, se transformar em vantagem competitiva para as organizações que investem em desenvolvimento de equipes, visto que podem gerar resultados promissores quando estão comprometidas e motivadas.

A motivação é o que leva o indivíduo para a ação, é a razão de ser de todos nós. Vivemos e lutamos pelo que queremos porque temos um motivo para fazer isso. Castro (2008) comenta que a motivação é o que gera interesse para a vida das pessoas e estimula suas ações. A motivação acontece de dentro para fora. Ninguém motiva ninguém, como comenta Vergara (2013), mas temos o grande poder de estimular a motivação do outro, ou seja, quanto mais eu conheço uma pessoa, mas facilidade eu tenho de influenciá-la para que se motive. Ervilha (2008) reforça que cada pessoa gera sua própria motivação. O que podemos fazer é incentivar as pessoas para que se motivem. Vergara (2013) menciona que a diferença é que a motivação vem de dentro e o incentivo vem de fora, do outro. É importante que o líder estimule sua equipe de trabalho a obter melhores resultados com bônus, prêmios e benefícios em geral, ou seja, com estímulos externos, mas é fundamental que esteja presente uma eficiente gestão de pessoas, com uma percepção de valorização humana, que é um estímulo interno.

A motivação é a energia que faz com que as pessoas se comprometam e estejam prontas para receber autonomia, tomar decisões e contribuir para o desenvolvimento da equipe. Castro (2008) afirma que existem quatro princípios básicos para a motivação nos grupos. São eles: manter a autoestima elevada, saber ouvir, responder com empatia e pedir ajuda para resolver problemas.

Segundo Geilser (2013), a motivação pode ser intrínseca ou extrínseca. O autor explica que a motivação intrínseca é o motor interno que nos impulsiona na direção de nossas ações para alcançar nossos objetivos. O autor define os propulsores internos que interferem na nossa motivação, que são:

> (a) competência, que diz respeito ao prazer que a pessoa sente naquilo que faz bem, e o líder deve elogiar os mais diversos desempenhos, não apenas os excelentes, caso contrário correrá o risco de estar desperdiçando uma oportunidade de reconhecer a competência de seu grupo de funcionários; (b) autonomia, que é o gosto de ter voz ativa no que se faz, e a concretização de uma ideia colocada em prática gera motivação e faz com que as pessoas se esforcem ainda mais; (c) propósito, que é o orgulho gerado por fazer a diferença, que acontece quando a pessoa se sente importante e se motiva a partir de conhecimentos adquiridos, experiências inovadoras e pelo próprio desafio que é gerado [Geilser, 2013:110].

Os motivadores extrínsecos, que são os estímulos e os incentivos, de acordo com Geilser (2013), são aqueles que vêm de fora, como salários, bônus, privilégios e benefícios. Não há problema algum em usá-los como impulsionadores de motivação, desde que não seja o foco principal, pois o que o autor recomenda é que se identifiquem os motivadores intrínsecos dos membros da equipe e que se apliquem os extrínsecos, para que conjuntamente se consiga influenciar a motivação. Para esse propósito, existe um *kit* de ferramentas de motivadores extrínsecos, que podem ser elogios, agradecimentos, tarefas desafiadoras, prêmios, oportunidades de liderança, promoções, privilégios, entre outros. Ressalta ainda o autor que cada pessoa é diferente; então, é necessário elaborar planos distintos.

Os estímulos que geram motivação podem estar ligados a vários aspectos, como reconhecimento, ambiente de trabalho, desafios, qualidade de vida, ascensão na empresa, conhecimento, entre outros. Tracy (2004) enfatiza três deles, que são os desafios, as oportunidades de crescimento e o reconhecimento.

Sabemos que o desafio consiste numa poderosa fonte de motivação. As pessoas gostam de superar seus próprios limites. Tracy (2004:65) comenta que existem algumas diretrizes para desafiar as pessoas a alcançarem padrões de excelência, que são:

- ❑ certifique-se de que os padrões são elevados, porém realistas;
- ❑ estabeleça padrões de quantidade, qualidade, custo e tempo para cada função;
- ❑ transmita e enfatize regularmente os padrões da empresa, do departamento e da função;
- ❑ incentive as pessoas a alcançar a excelência;
- ❑ dê o exemplo satisfazendo você mesmo os padrões;
- ❑ quando os outros departamentos negligenciarem os padrões de excelência, tome providências no sentido de minimizar os efeitos adversos sobre seu pessoal.

Em termos de oportunidades de crescimento, Tracy (2004:77) cita alguns tipos, como:

(a) treinamento teórico formal, que em geral é ofertado pelo setor responsável, o qual avalia a demanda para planejar a oferta; (b) treinamento prático, que tem como principal meta fazer com que o treinamento teórico se torne uma realidade, diminuindo os erros em uma crescente de aprendizagem;

(c) reuniões de equipe, que podemos caracterizar como um dos melhores ambientes de treinamento.

O autor aponta ainda o reconhecimento como uma forma de motivar as pessoas, salientando que reconhecer alguém pode transformar a performance dessa pessoa, além de fazê-la influenciar positivamente a equipe da qual faz parte. Isso pode ser efetivado através de um simples ato de elogiar a pessoa, ou através da avaliação de desempenho, permitindo que saiba como você se sente em relação a ela, ao mesmo tempo que demonstra o reconhecimento, que pode ser também conquistado com a promoção funcional a um cargo elevado e o retorno financeiro. Essa premiação é destinada a orientar as pessoas que integram sua equipe.

A motivação é fundamental para desenvolver equipes de alto desempenho, e os líderes costumam fomentá-la nos integrantes concedendo recompensas. Wagner e Hollenbeck (2012) comentam que ela influencia a produtividade do grupo e pode maximizar sua sinergia, aspecto tão importante nas equipes. Os autores citam ainda que existem basicamente dois tipos diferentes de recompensas de grupo: cooperativas e competitivas. Nas recompensas pela cooperação, o grupo as recebe de forma igualitária pelo desempenho satisfatório. Já no sistema de recompensas pela competição, os membros são premiados individualmente pelo desempenho satisfatório no grupo. Essas recompensas variam conforme o resultado individual atingido, ou seja, prevê uma premiação maior para os que fornecem maior resultado.

Conhecemos vários fatores capazes de influenciar a motivação e entendemos que isso deve estar associado ao contexto em que os grupos se desenvolvem e a características pessoais de seus membros. Para nos ajudar a entender o comportamento humano nesta direção, temos as teorias motivacionais, que servem como pano de fundo para explicar como as pessoas se comportam.

A teoria motivacional de Abraham Maslow (Macêdo et al., 2013) é uma das mais conhecidas e de fácil entendimento. Segundo o autor, as necessidades não satisfeitas são fontes de motivação e estão organizadas hierarquicamente em uma pirâmide. Na base estão presentes as mais importantes. Conforme a pessoa vai suprindo essas necessidades básicas, outras secundárias vão se transformando em novas fontes motivacionais. A figura 3 sugere quais são e como essas necessidades são organizadas.

Figura 3
PIRÂMIDE DA HIERARQUIA DE NECESSIDADES DE MASLOW

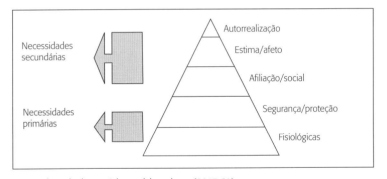

Fonte: adaptada de Macêdo e colaboradores (2013:61).

Ervilha (2008) comenta que as necessidades fisiológicas são as relacionadas à sobrevivência, como o alimentar-se, respirar, saciar a sede; as de proteção e segurança dizem respeito a manter-se vivo e a salvo das ameaças externas, como ter uma casa para morar com as mínimas condições de habitabilidade, vestimentas; as sociais tratam da nossa necessidade de convívio com o outro; as de estima tratam da preocupação com amar e ser amado; por último, no topo da pirâmide, as de autorrealização, última das necessidades na ordem de prioridade descrita por Maslow, relaciona-se com as potencialidades da pessoa e seu sentimento de realização plena.

Para entendermos a aplicação dessa teoria na empresa, poderíamos pensar naquele funcionário que exerce uma atividade de nível operacional e que troca de empresa por um salário com uma diferença financeira muito pequena. Podemos entender que o fato de ele se encontrar no nível das necessidades de proteção e segurança não atendidas explicaria seus motivos para priorizar a questão financeira em detrimento das outras razões colocadas mais acima na pirâmide.

Em outra situação, poderíamos compreender o profissional de nível executivo que também muda de empresa, escolhendo a que lhe fornece um retorno financeiro até menor, mas que, em contrapartida, lhe oferece melhores condições de trabalho no que tange à autonomia, reconhecendo-o, ou seja, o que o motiva prioritariamente está no nível que diz respeito às necessidades secundárias.

A teoria de Maslow nos ajuda, portanto, a gerir melhor nossas equipes, pois, conhecendo nossos funcionários, podemos interagir oferecendo-lhes, em ordem, os estímulos coerentes com suas necessidades. Passadori (2013:165) relata que a teoria das necessidades de Maslow trabalha sobre três focos:

❑ compreender as experiências emocionais positivas – estudando alegrias do passado, a felicidade presente e as esperanças futuras;
❑ compreender os traços individuais positivos – estudando forças e virtudes, como a capacidade de amar e trabalhar, resiliência, criatividade, curiosidade, autoconhecimento, autocontrole e moderação;
❑ compreender instituições positivas – estudando os pontos fortes que promovem as comunidades, como justiça, res-

ponsabilidade, civilidade, a família, vida em grupo, educação para a paz, ética no trabalho, entre outras.

Caro leitor, outra teoria que também pode auxiliar na gestão de equipes, de acordo com Macêdo e colaboradores (2013), é a de Adams, o qual afirma que o sentimento de justiça resulta da comparação entre as recompensas e as contribuições. Havendo igualdade, a certeza da equidade e do tratamento com justiça será reforçada. Pode ser usada como referência a comparação entre os pares por desempenharem atividades semelhantes e não receberem retornos em termos salariais da mesma forma. Ao perceber injustiça, o funcionário sente um desequilíbrio na relação e pode diminuir sua contribuição, pedir maior recompensa, solicitar um maior esforço dos outros e até mesmo deixar a organização.

Já na teoria de Herzberg, segundo Macêdo e colaboradores (2013:66), a relação que podemos estabelecer com nosso trabalho é determinada por fatores higiênicos e motivacionais. Os fatores higiênicos são os presentes no ambiente da empresa, como remuneração justa, benefícios condizentes, relacionamento com colegas e condições físicas de trabalho. Tais fatores não causam satisfação ou motivação, mas sua falta irá causar insatisfação. Já os fatores motivacionais são os relacionados ao conteúdo do cargo e do trabalho que, embora gratuitos, têm o poder de gerar satisfação e consequências motivacionais. O líder pode valorizar os talentos dos funcionários, dando autonomia para que decidam a melhor forma de realizar seu trabalho, incluindo novos processos que possam ser incorporados à rotina de atividades. Havendo sentimento de injustiça, assim como na teoria proposta por Adams, o funcionário fica insatisfeito e busca equilibrar essa relação através da diminuição de sua contribuição.

Podemos estabelecer várias relações entre comprometimento, motivação e *empowerment*, e convidamos você a fazer isso da forma que melhor lhe propiciar compreensão sobre a relevância disso no nosso dia a dia e no desenvolvimento das equipes de trabalho. Motivação, comprometimento e *empowerment* estão ligados ao processo de *feedback*, tema de nosso próximo capítulo, pois uma forma de provocar a motivação em nossas equipes e levá-las ao comprometimento e proporcionar condições de melhoria e crescimento, como já exposto aqui. Para isso usamos a ferramenta do *feedback*, ou seja, transmitimos informações relevantes, respeitando o outro e contribuindo para sua mudança e aprendizagem. Leme (2007) faz uma analogia ao citar o funcionamento de um motor: a motivação é esse motorzinho, e o papel do líder é agir para que ele não pare de funcionar colocando combustível, que é o *feedback*, aquilo que faz com que a máquina chamada ser humano tenha sempre um motivo para seguir funcionando e gerando resultados promissores para si e para a empresa. Nas próximas páginas, apresentaremos os aspectos comportamentais relacionados ao funcionamento das EADs. Temas como comunicação e suas barreiras, *feedback*, *team building*, melhoria de desempenho e monitoramento de indicadores devem ser alvo constante de atuação dos grandes gestores de equipes.

4

Estratégias de desenvolvimento de equipes de alto desempenho

Num ambiente em que a excelência é um pressuposto para a superação da alta competitividade organizacional, existe hoje pouco espaço para o amadorismo, a falta de estruturação de processos ou a ausência de métodos de controle dos indicadores de resultados. Contudo, se essa dinâmica de funcionamento não for estendida também aos processos de gestão de pessoas, corre-se o risco de uma ineficiência sistêmica.

Desenvolver uma equipe para atender às expectativas institucionais de um alto desempenho requer sempre conhecimentos e habilidades de gestão. Como em tudo que é processual, um líder necessita manter um controle das etapas iniciais, intermediárias e finais. Para tanto, há que se estabelecer uma rotina de monitoramento constante dos indicadores de resultados e planos de ação que permitam um movimento contínuo de melhoria de desempenho. Este capítulo irá tratar desse tema, bem como de alguns aspectos que envolvem o desenvolvimento de equipes, como a comunicação e o *feedback*, entre outros, para que as equipes estejam estrategicamente alinhadas com os objetivos organizacionais.

Comunicação eficaz e feedback

A comunicação é um tema constante em organizações que investem em gestão de pessoas como forma de alavancar seus resultados. Elas estão cada vez mais conscientes da relevância da comunicação para o desenvolvimento de suas equipes de trabalho e consequente melhora de performance.

Assad (2010) comenta que, nos dias atuais, a comunicação inclui conceitos inovadores, como o conhecimento compartilhado, a inteligência coletiva e a sustentabilidade corporativa.

A sociedade em rede, típica do mundo globalizado, com o compartilhamento de informações, pesquisas e opiniões, constrói uma cidadania global, base que norteia e defende a pluralidade de apreciações, a comunicação interativa, a diversidade cultural e a vitalidade das mudanças, aspectos essenciais para um futuro sustentável. E a sociedade em rede, focada na construção do conhecimento compartilhado e com a colaboração de todos os envolvidos, se utiliza da internet, uma ferramenta de comunicação de grande relevância para se atingir esse tipo de cidadania.

Outra vantagem proporcionada por esse tipo de sociedade é que uma informação compartilhada por várias pessoas tem maior possibilidade de êxito em termos de seu objetivo principal. Assim, o potencial de interação social coletiva aponta o ciberespaço como um lugar privilegiado, constituído de processos de inteligência coletiva.

Quanto à questão da sustentabilidade corporativa, seria importante para as empresas, a fim de garantir sua longevidade, transmitir otimismo, esperança e respeito em seus discursos, o que muitas vezes não ocorre, já que muitas empresas pecam tanto na comunicação interna quanto na divulgação externa de seus ideais e valores sustentáveis.

A comunicação eficaz é aquela que transmite da forma mais precisa possível a mensagem que se propõe a compartilhar com o outro. Assim, é essencial para as organizações que querem evoluir e se tornar competitivas que seu processo de comunicação seja constantemente revisto e que seja dada uma atenção especial às equipes de trabalho que conseguem obter sinergia e resultado com uma comunicação eficaz.

Passadori (2013) comenta que se comunicar é muito mais do que simplesmente transmitir uma mensagem. Para tal é preciso se envolver, ter empatia, ter escuta ativa, entre outros posicionamentos, para buscar eficácia nesse processo tão simples e tão complexo ao mesmo tempo.

Assad (2010) afirma que a comunicação é uma ferramenta importante para as organizações, já que estabelece processos de interação e relacionamento entre elas, utilizando a informação compartilhada. Acrescenta o autor que o maior desafio da comunicação é impulsionar decisões reais com base em dados, informações e conhecimentos, tornando-se ela um elemento-chave para líder e liderados, por facilitar a tomada de decisões e a definição de ações em conjunto.

A comunicação apresenta diferentes impactos no que diz respeito à transmissão da mensagem. Passadori (2013) cita alguns autores que dissertam sobre o tema, como o psicólogo Albert Mehrabian, o qual relata que apenas 7% da nossa comunicação dizem respeito às palavras, 38% ao tom e qualidade da voz e 55% aos gestos, expressões faciais e posturas. Já o antropólogo Ray Birdwhistell defende que 65% são transmitidos por sinais não verbais, enquanto o biólogo John Medina afirma que a visão se sobrepõe a todos os sentidos.

Passadori (2013) enfatiza que é fundamental ter acesso ao maior número possível de recursos de comunicação para escolher o mais adequado ao perfil de sua empresa e equipe. Ele cita alguns, como *blogs*, *podcasts* e *wikis*, computadores de mão ou portáteis, conferências de voz, intranets empresariais, impressoras multifuncionais, *presence technology*, rede social e mídia social, reconhecimento de voz, *smartphones*, telefonia: VoIP, videoconferência, videofone e webconferência.

A comunicação é fundamental para o desenvolvimento de equipes e atingimento de performances. As competências relacionadas a esse processo, quando desenvolvidas em um nível de excelência, fazem com que a efetividade do trabalho produza resultados promissores. Para Novo, Chernicharo e Barradas (2008), a eficácia da comunicação em equipes de alto desempenho ocorre quando seus integrantes se comunicam com base no respeito e confiança mútua, o que deve ser intensamente estimulado em equipes dessa natureza.

Moscovici (2010) afirma que entre as principais habilidades de comunicação interpessoal estão a paráfrase, a descrição de comportamento, a verificação de percepção e a descrição de sentimentos, as quais são fundamentais para a eficácia do *feedback*. A comunicação e o *feedback* estão diretamente relacionados, já que a efetividade do *feedback* ocorre quando a comunicação é assertiva. Vejamos essas habilidades melhor explicadas abaixo:

❏ *paráfrase* – consiste em você dizer, com suas próprias palavras, aquilo que o outro disse, podendo usar um exemplo para elucidar sua compreensão ou o que você aprendeu com a situação, testando assim o entendimento da mensagem;

❏ *descrição do comportamento* – consiste em você relatar as ações observáveis dos outros sem fazer julgamentos nem acusações ou generalizações sobre os motivos, atitudes ou traços de personalidade da outra pessoa;

❏ *verificação de percepção* – consiste em você descrever sua percepção sobre o que o outro está sentindo, a fim de verificar se você está compreendendo também os sentimentos, além do conteúdo das palavras;

❏ *descrição de sentimentos* – consiste em relatar sentimentos verbalmente, seja por meio do nome do sentimento, de figuras de linguagem ou de impulso de ação.

Nessas duas últimas habilidades de comunicação – verificação de percepção e descrição de sentimentos – você se envolve no *feedback* e faz dele também uma oportunidade de revelar aquilo que sente.

O *feedback*, parte fundamental na comunicação e condução de equipes, é uma ferramenta de suma importância para gerar aprendizagem e desenvolver grupos de trabalho. Leme (2007) defende que *feedback* significa apenas informação, e que esta deve ser precisa, sem emoção ou qualquer adjetivo conjugado. Passadori (2013) concorda e acrescenta que o *feedback* serve para estabelecer um diálogo, gerar aprendizagem e dar continuidade ao desenvolvimento da pessoa, do grupo e da equipe.

Leme (2007) faz ainda três considerações em relação ao uso do *feedback* que podem ajudar bastante no gerenciamento das rotinas corporativas. São elas:

❑ não tratar o *feedback* como uma sugestão ou conselho, tampouco empregá-lo com um tom de voz de repreensão, a fim de se evitar a criação de barreiras que vão afetar sua efetividade;

❑ o *feedback* não deve estar acompanhado de sugestões de melhoria;

❑ é importante saber qual o resultado esperado no momento em que o *feedback* está sendo fornecido.

O *feedback* é uma valiosa ferramenta para o desenvolvimento de equipes e deve ser entendido como tal, evitando-se a relação com o viés da crítica com apelo emocional. Muitas vezes, quando é necessário se utilizar do *feedback* corretivo, as pessoas adiam o fornecimento dessas informações como forma de promover sua autopreservação, esquecendo-se do principal objetivo do *feedback*, que é a melhoria constante. Não é difícil encontrar situações no dia a dia organizacional em que o líder evita ou justifica a ausência do *feedback* corretivo e, assim, quando o fornece, as informações já não têm o impacto necessário para a mudança de comportamento, influenciando na efetividade do mesmo. Como vimos até aqui, o *feedback*, que se configura em informações sobre o outro e suas ações, é um recurso valioso para o desenvolvimento de equipes e deve ser utilizado de acordo com as necessidades dos líderes e os objetivos estratégicos das organizações. Segundo Tracy (2004), o *feedback* deve atender a um ou mais dos seguintes objetivos: enfatizar o desempenho positivo, mostrar ao outro como e onde é preciso mudar, estimular o outro a melhorar o desempenho e gerar orgulho. De acordo com o autor, é necessário escolher a ocasião, o lugar e o método mais apropriado para dar *feedback*. Ele recomenda algumas maneiras para se dar *feedback* no ambiente de trabalho: por meio de sessões de orientação, avaliações de desempenho, e-mails, reuniões de equipes, reconhecimento por parte das lideranças.

Leme (2007) relata que existem dois momentos de *feedback*: o que é dado no dia a dia, com o objetivo de estimular comportamentos adequados para que se repitam ou inibir os comportamentos que são prejudiciais ao grupo e à empresa, e aquele que é devolutivo de uma avaliação, o qual pressupõe uma estrutura formal, com objetivos predefinidos e específicos. Normalmente, o gestor é o responsável por dar o *feedback* ao avaliado.

Tracy (2004) recomenda algumas orientações sobre fornecer *feedback* que podem ser bastante úteis para o desenvolvimento de equipes. Vejamos a seguir:

❑ não dar *feedback* em demasia, pois pode perder o efeito, além de gerar insegurança;
❑ sempre dar *feedback* como forma de maximizar o potencial da pessoa, tanto em casos de alto desempenho quanto nos que apresentam um baixo desempenho;
❑ concentrar-se na abordagem positiva a fim de evitar que o outro se coloque numa posição defensiva, focando na fun-

ção que pode ser desempenhada de uma maneira melhor, em vez de se concentrar naquilo que a pessoa tenha feito de errado;

❑ oferecer ao outro a direção e a orientação de que necessita para atender aos propósitos em questão.

Leme (2007) ressalta ainda que não se faz necessário ficar se justificando ao dar *feedback*, já que a responsabilidade do comportamento é de quem o realizou. Além disso, o autor recomenda que o *feedback* seja utilizado como uma forma de acompanhamento, e não dado apenas ao final da ação. Deve manter também foco no comportamento, positivo ou corretivo, pois o resultado é apenas um coadjuvante da situação.

O *feedback* é fundamental para o processo de desenvolvimento, mas percebemos que muitas vezes as pessoas são reativas a receber *feedback* porque suas experiências anteriores as reportam à crítica, com algum critério de julgamento por parte de quem o forneceu. Moscovici (2010) comenta que, muitas vezes, a pessoa não está preparada psicologicamente para receber *feedback* – ou não percebe sua necessidade –, o que pode ser considerado uma barreira à comunicação. Nesse sentido, a autora sugere que se estabeleça uma relação de confiança recíproca entre comunicador e receptor, que se reconheça que o *feedback* é um processo de exame conjunto. Além de se treinar a habilidade de saber ouvir, de receber *feedback* sem reações emocionais, deve-se também aprender a dar *feedback* de forma habilidosa, sem conotações emocionais.

Nós sabemos que dar ou receber *feedback* não é fácil, principalmente quando é algo que nos obriga a sair da nossa zona de conforto. Novo, Chernicharo e Barradas (2008) concordam e associam essa realidade ao medo ligado a experiências passadas e aos processos associados a transmitir e receber informações.

Esses autores salientam que a eficácia do *feedback* está em reconhecê-lo como um processo de avaliação conjunta, sendo importante aprender a receber *feedbacks* com equilíbrio emocional.

Leme (2007) comenta que dar *feedback* serve para atender a dois objetivos: um voltado a estimular que um comportamento adequado se repita – *feedback* positivo –, e o outro com o foco em corrigir um comportamento inadequado, para que ele não volte a ocorrer – *feedback* corretivo. O autor acrescenta ainda que existem variações desses dois tipos que devem ser consideradas para que não se tornem uma prática. São elas:

❑ *feedback negativo* – tido como uma variação do *feedback* corretivo. Ocorre quando este é aplicado de forma errada, com uma emoção de origem negativa, como raiva, agressividade ou ironia, e assume uma conotação ruim;

❑ *feedback insignificante* – é uma variação do *feedback* positivo. Quando este não é fornecido corretamente, como em situações em que são dados elogios sem focar nenhuma ação específica ou retornos sem enfatizar o comportamento, o *feedback* acaba ficando sem propósito.

Leme (2007) recomenda que, para dar *feedback*, devemos focar o comportamento, ser claros, objetivos e específicos, planejar hora e local adequados, manter o equilíbrio emocional, não dar palpites ou opiniões pessoais, ter empatia e não fazer julgamentos, dar exemplos e estar preparados para a reação de quem recebe o *feedback*, atentar para a linguagem corporal e tom de voz, agradecer a atenção, certificar-se de que foi compreendido, entre outras ações.

Por fim, conseguimos perceber que o *feedback* é uma ferramenta valiosa de desenvolvimento e, dependendo da forma como é conduzido, pode gerar resultados promissores. Devemos ter sempre o cuidado de comunicar sem agredir o outro, tendo atenção especial para com as barreiras que podem estar presentes nesta comunicação. Esse assunto, que tem muita relevância, será tratado na próxima seção.

Barreiras e facilitadores da comunicação

Nesta seção, trataremos das barreiras e facilitadores da comunicação, um tema que sempre é motivo de muita reflexão. Em geral, as pessoas se comunicam sem dar atenção ao que ocorre à sua volta, até porque seria muito ruim se ficássemos todo tempo avaliando o que está acontecendo para decidir sobre o que comunicar e como comunicar, o que atrapalharia a comunicação e, possivelmente, ela não fluiria. Devemos ter em conta, entretanto, que existem barreiras e estas podem ser evitadas quando colocamos alguma atenção nesse entorno, que envolve o ambiente, o outro e nós mesmos.

A comunicação envolve sempre interlocutores – um emissor, a pessoa que inicia a comunicação; um receptor, a pessoa que recebe a mensagem; e um ambiente, que está em constante modificação. Buscar facilitadores nesse sentido vai ajudar na eficácia desse processo, que envolve conhecer o outro e saber a melhor forma de transmitir a mensagem sem causar problemas que dificultem a interação e a troca de informações.

A comunicação está presente em todas as situações da nossa vida. Mesmo quando não estamos fazendo uso da comunicação verbal – o que dizemos, as palavras que empregamos e o tom de voz –, transmitimos o que pensamos e sentimos por meio da nossa expressão corporal e facial, ou seja, pela comunicação não verbal. Quando uma pessoa não está de acordo com o que outra está falando, ela acaba demonstrando isso por meio de uma expressão facial mais tensa, que pode afastar a que está em comunicação e causar a tal bola de neve, que pode ser caracterizada por um acúmulo de mal-entendidos, agravando ainda mais o relacionamento que estava sendo estabelecido.

Tonet e colaboradores (2009) apontam que a comunicação apresenta como finalidades básicas entender o mundo, relacionar-se com os outros e transformar a si mesmo e a realidade. Os autores salientam ainda que o uso assertivo da comunicação no mundo corporativo é sinônimo de sucesso. Devemos, portanto, investir nosso tempo para nos desenvolvermos nessa importante habilidade.

A comunicação, como já pudemos perceber, está presente em todos os contextos, do pessoal ao profissional. Dentro de uma empresa, dependendo da forma como nos comunicamos em nossas equipes de trabalho, podemos gerar facilidades para o alcance dos objetivos estratégicos ou barreiras que podem afetar sua performance, colocando em risco, inclusive, sua sobrevivência. Boyes (2013) acrescenta que a comunicação em uma equipe pode ser vista como um incentivo fundamental, levando ao fortalecimento da mesma, ou como um elemento desmotivador, estimulando mal-entendidos e a criação de conflitos.

O processo de comunicação está relacionado diretamente com a percepção e a interpretação subjetiva dos estímulos que passam pelos canais sensoriais. Uma boa comunicação ocorre quando a percepção e a interpretação do sujeito conseguem traduzir com transparência a mensagem que está sendo comunicada. Acrescenta Cunha (2012a) que, quando isso não ocorre, pode ser devido a barreiras como distinções em cultura, costumes, crenças e religiões, que são fatores desenvolvidos ao longo da vida de cada um, a partir de suas vivências e interpretações do mundo. Relativamente à cultura, é importante conhecer e respeitar as diversas culturas que existem em nosso país, não enfatizando aspectos depreciativos, como o caso de pessoas oriundas de regiões de praia, que em geral apresentam um ritmo de trabalho com menos *stress* em relação ao tempo de execução, ou em regiões com costumes diferentes, como o Sul. Ao contrário, para promover uma aproximação é pertinente usar essas diferenças a favor, como no caso dos gaúchos, em que poderia valorizar a tradição e até compartilhar o chimarrão, se fosse o caso, e agradar o paladar.

Wagner e Hollenbeck (2012) descrevem algumas barreiras à comunicação, como a mídia eletrônica, por exemplo. Para eles, mesmo que a empresa invista em meios eletrônicos mais ricos, com maior possibilidade de proximidade, como a videoconferência, estes nunca irão substituir a comunicação interpessoal. Outras barreiras citadas pelos autores são: a natureza do espaço físico, pois sabemos que as pessoas em contato físico interagem melhor; a falta de credibilidade da fonte, que inclui conhecimento e experiência do comunicador, bem como suas intenções e coerência demonstradas em suas palavras e ações; as diferenças hierárquicas, quando aquele que tem uma posição mais elevada pode inibir o que está abaixo, pela maneira de se colocar, deixando-o inseguro e distante; por fim, o uso de jargões pode afetar o entendimento e as interações em grupos diferentes, que não têm a compreensão de seus significados.

Vivemos num mundo tecnológico, e saber lidar com a tecnologia para facilitar a comunicação é um dos desafios corporativos da atualidade. Entender quando e em que situações usar o e-mail, saber ponderar o uso de tecnologias avançadas, de forma complementar e não substitutiva aos momentos presenciais são alguns dos aspectos que precisam de nossa atenção.

Passadori (2013) comenta que a forte dependência da comunicação em rede tem sido motivo de muita preocupação para os líderes atuais, e um questionamento tem sido feito constantemente: as mensagens eletrônicas, o uso de *blogs* ou Twitter, recados MSN e papos no Facebook podem ser consideradas formas de comunicação interpessoal? Boyes (2013), em relação ao *e-mail*, comenta que este deve ser usado com moderação e que, antes de enviá-lo, é prudente fazer alguns questionamentos. Há que se perguntar se você deve realmente encaminhá-lo, se essa é a melhor maneira de transmitir o que você deseja. E ainda: se for possível substituí-lo pela comunicação pelo telefone ou pessoal, faça-o. Carrol (2010) acrescenta que o e-mail não é uma ferramenta eficaz para trabalhar as expectativas do grupo, já que a comunicação se dá apenas pelo uso das palavras, com o objetivo de agilizar a troca de informações e não com foco no relacionamento interpessoal, que pode envolver alinhamento de interesses e objetivos.

Tratando-se de comunicação, sabemos que o principal desafio é transmitir a mensagem diminuindo ao máximo suas barreiras. Tonet e colaboradores (2009) afirmam que o emissor deverá se esforçar para expressar o que quer, a fim de que o receptor compreenda a mensagem com exatidão. Eles salientam também que durante todo o processo deve se dar especial atenção aos interlocutores, às mensagens, aos signos – sinais ou símbolos – e aos meios – gestos, palavras, expressões faciais, objetos, entre outros.

Os autores apontam ainda que existem fatores ligados ao emissor e ao receptor que interferem na produção de mensagens, na interpretação e produção de respostas. Eles podem ser classificados em três espécies: conhecimentos, habilidades e atitudes – todos relevantes para aqueles que desejam se tornar competentes na comunicação. Vejamos cada um deles abaixo:

❑ *conhecimentos* – incluem tudo o que se sabe sobre o assunto objeto da comunicação, bem como as características de si próprio, do outro, o meio pelos quais as mensagens poderão ser produzidas e os canais utilizados;
❑ *habilidades* – dizem respeito ao desenvolvimento, tanto de emissores quanto de receptores, para uma interação melhor. O papel de emissor inclui habilidades codificadoras, como a escrita e a palavra. Ele deve se preocupar, por exemplo, com a escolha das palavras mais condizentes e com a objetividade no relato oral e escrito. Já o papel do receptor envolve as habilidades decodificadoras, como a leitura e a audição. Ele deve manter, por exemplo, um comportamento cauteloso ao

interpretar uma escrita e o que ouve, sem interromper e evitar fazer julgamentos precipitados. Há também habilidades que englobam as duas funções, de codificação e decodificação, que são o pensamento e o raciocínio;

❑ *atitudes* – referem-se ao que se mostra, ou seja, são mais direcionadas à comunicação não verbal, e predizem com grande impacto a forma como o outro percebe o que você está comunicando. Juntamente com os conhecimentos e as habilidades, influenciam a percepção acerca do que está sendo comunicado. Elas podem ter três focos diferentes: a atitude para consigo mesmo – o quanto eu acredito em mim e nas minhas capacidades; a atitude para com o assunto – o quanto eu acredito no que estou comunicando; a atitude para com o receptor – o quanto eu acredito em quem estou comunicando e em suas capacidades.

Vejamos um exemplo que pode elucidar melhor esses fatores levantados por Tonet e colaboradores (2009). Imagine uma situação na qual você deverá repassar as novas metas de venda de um produto inovador para sua equipe. Você tem conhecimento do produto, das características de sua equipe e de você mesmo, ou seja, de como se comporta nessas situações. No momento de comunicar esse desafio, você é objetivo, escolhe as palavras que geram impactos positivos, ou seja, apresenta habilidades na comunicação. Por fim, você demonstra atitudes que se traduzem em confiança e credibilidade, pois você acredita em seu potencial enquanto um comunicador eficaz, e na capacidade de sua equipe, além de saber que as metas foram bem estabelecidas e que o produto tem muita qualidade.

Sabemos que selecionar as palavras adequadas às diversas situações de interação não é tarefa fácil, pois elas podem exercer um grande impacto – negativo ou positivo – no processo comunicacional. Boyes (2013) enfatiza particularmente o impacto negativo gerado pelas palavras "mas" e "tentar" em algumas frases. O autor recomenda que utilizemos a palavra "e", em lugar de "mas", pois "mas" destrói a positividade, enquanto "e" a reforça. Perceba a diferença entre "você fez um ótimo trabalho, mas poderia ter citado mais situações práticas" e "você fez um ótimo trabalho e eu gostaria que você citasse mais situações práticas". O autor desaconselha também o uso da palavra "tentar", pois transmite uma ideia de insegurança. Em vez de dizer "vou tentar melhorar minha habilidade de dar *feedback*", seria melhor "vou melhorar minha habilidade de dar *feedback*".

A fala é o meio mais usado na comunicação, e inclui o tom de voz, as palavras e a objetividade. Passadori (2013) relata que a voz expressa nossas vontades, necessidades e pensamentos, podendo revelar força, delicadeza e flexibilidade. Ela apresenta ainda algumas características físicas próprias, como intensidade, tom, timbre e duração.

Podemos buscar a assertividade na comunicação se nos organizarmos para que essa troca seja a mais efetiva possível, entendendo que o outro não sabe sobre o que vamos comunicar. Carnegie (2012) afirma que a assertividade na comunicação não está relacionada ao poder, e sim ao respeito. Respeitar o outro e a si próprio é, portanto, o primeiro passo para a boa comunicação. O autor sugere, ainda, alguns passos que podem ser dados para melhorar a assertividade de sua comunicação, como: concentrar-se em sua linguagem corporal, mantendo o controle; não interromper o outro; sempre usar a primeira pessoa na comunicação, argumentando em favor de suas ideias por meio de uma linguagem direta; finalizar a situação com suas ideias e focado em seus objetivos.

Tonet e colaboradores (2009) argumentam que existem alguns fatores críticos para a comunicação em equipes, que são: tamanho do grupo, *layout* do ambiente organizacional, transmissão da mensagem, clareza da mensagem, transparência, visão compartilhada e diminuição dos níveis hierárquicos. Boyes (2013) sugere algumas dicas para que se tenha uma comunicação assertiva, como ouvir o outro, respeitar o ponto de vista dele, ter flexibilidade e foco, pensar antes de falar, entre outras.

As barreiras da comunicação podem estar presentes a todo momento durante o processo, e a habilidade de saber ouvir deve ser desenvolvida para que a ausência dessa capacidade não se torne um dificultador. Devemos ter sempre em mente que a comunicação é uma troca, ou seja, se um dos pares não demonstra interesse no que o outro está dizendo, isso passa a interferir na continuidade da comunicação.

Sabemos que a percepção interfere na comunicação, pois é a forma como o outro interpreta o que você transmitiu. Também já entendemos que o outro é o incentivador da comunicação – eu comunico para gerar alguma resposta do outro –; portanto, quanto mais conheço a pessoa com quem estou me comunicando, maior a chance de conseguir assertividade nessa comunicação. Com tudo isso claro, fica fácil de entender que, para gerar um melhor resultado no trabalho em equipe a partir da comunicação, é recomendável conhecer as pessoas de sua equipe.

Boyes (2013) menciona a importância de conhecer as pessoas com quem você trabalha e enfatiza a observação da comunicação não verbal como uma grande fonte de descobertas sobre o outro, como em situações que indicam percepções positivas na comunicação por você ser imitado em seus gestos e posturas por seus colegas. Esse comportamento favorece um *rapport*, que é um sentimento de conforto pela proximidade gerada por uma identificação com um indivíduo ou demonstração de acolhimento.

O autor sugere ainda a utilização sutil do *rapport*, seja por meio do acompanhamento, que significa usar a mesma comunicação que o outro, ou por meio do espelhamento – a imagem espelhada do outro –, em ambos os casos buscando criar identificação para gerar vínculos e favorecendo a comunicação. Além disso, escutar colocando-se no lugar do outro é fundamental.

Enfim, caro leitor, sabemos que existem muitos fatores que devem ser considerados quando o assunto é comunicação nas equipes. Na sequência, trataremos de *team building*, que discute o papel das organizações para desenvolver suas equipes na direção dos objetivos estratégicos.

Team building

O desenvolvimento de competências coletivas das equipes, nas diversas modelagens operacionais comandadas pela natureza de cada objetivo e desafios organizacionais, parece ser uma condição essencial para a sobrevivência e evolução das organizações contemporâneas. Essas competências devem contemplar a perspectiva de alinhamento da preservação dos diversos ativos intangíveis geradores de valor, tanto para as pessoas quanto para as respectivas organizações (Cardoso, 2008).

A interação, a comunicação e o estímulo à formação de equipes multidisciplinares, a fim de atingir um resultado comum desejado, estão se tornando práticas desejáveis nas organizações (Bonotto e Bitencourt, 2006).

Vale ressaltar que as organizações têm dado importância à construção de competências coletivas por meio do trabalho em equipe na busca da sinergia das equipes com vistas a atingir resultados efetivos, como apontados por Cardoso e Mardegan (2010).

Bonotto e Bitencourt (2006) apresentam o conceito de competências coletivas como as habilidades que um grupo de indivíduos possui para trabalhar em busca de um objetivo comum. São formadas pelas competências prática e interpessoal, considerando duas dimensões: a técnica e a social. A competência prática é entendida como a habilidade de executar uma tarefa. Já a competência interpessoal é percebida com base na qualidade das interações relevantes ao objetivo de completar tarefas ou ultrapassar desafios.

Devemos então considerar que as competências coletivas estão ligadas ao grau de atingimento de objetivos comuns por um grupo de pessoas, tendo como

> base uma visão compartilhada construída a partir da qualidade dos processos de interação entre essas pessoas, do contexto e do sentido que essas pessoas conferem ao grupo e às suas atividades [Bonoto e Bitencourt, 2006:12].

Portanto, a base para as competências coletivas tem que estar no "entendimento compartilhado que a equipe tem de seu trabalho" (Sandberg e Targana, 2007:91).

No entanto, esse trabalho pode, dependendo do grau de maturidade e de propósito comum da equipe, estar em um estágio ainda de baixas compreensão, tolerância e confiança interpessoal, resultando em um desempenho individual e coletivo aquém do desejado e, portanto, não alcançando as competências coletivas da equipe desejadas pelas organizações.

Dessa forma, as organizações necessitam desenvolver estratégias que visem à mudança de conduta de seus funcionários, individuais ou integrados em equipes, que apresentem resultados abaixo de seu nível de competência, decorrentes de conflitos e problemas de natureza intrapessoal e interpessoal. Depois de desenvolvidas, essas estratégias deverão ser implementadas com o intuito de estabelecer um clima favorável à execução de tarefas colaborativas, que mitigue futuras situações de desgastes provenientes de divergências individuais e coletivas da equipe (Macêdo et al., 2013).

Como proposta a essa mudança de conduta das pessoas que trabalham em equipe, Moscovici (2010) aponta o desenvolvimento de equipe ou *team building*: um conjunto de estratégias que objetiva a melhoria dos relacionamentos interpessoais e a solução de conflitos, os quais podem impossibilitar a execução de tarefas cooperativas.

O termo *team building* – traduzido literalmente como construção de equipes – é utilizado mais frequentemente nos trabalhos relacionados ao desenvolvimento de equipe. Tem como proposta a aplicação de métodos e técnicas, envolvendo atividades *indoor* ou *outdoor*, para fomentar não só o aumento do espírito de equipe, mas também a melhoria de seu desempenho.

O ambiente competitivo organizacional tende, muitas vezes, a focar metas e objetivos individuais, contemplando e reconhecendo os desempenhos por meio de resultados singulares de cada empregado. No entanto, a complexidade dos desafios contemporâneos requer a elaboração de respostas de natureza multidisciplinar e, portanto, construídas coletivamente.

Como filosofia, o *team building* busca incentivar e proporcionar essa produção de soluções coletivas por meio da criação e do aperfeiçoamento do espírito de equipe, com base em uma metodologia que abriga as seguintes fases:

❑ diagnóstico – levantamento da origem dos problemas que levam a um clima indesejável na equipe e desempenho abaixo de seu nível de competência;

❑ planejamento – análise e determinação dos métodos mais adequados à solução de cada tipo de problema, incluindo a escolha de propostas com base teórica em dinâmica de grupo, psicodrama e técnicas de neurolinguística, entre outras;

❑ execução – aplicação do método a ser vivenciado pela equipe por meio de reuniões, palestras, encontros e seminários que contemplem o levantamento das questões, definição das metas e objetivos pretendidos. Devem ser considerados, entretanto, os aspectos ambientais e contingenciais como "os objetivos, as necessidades, as características, o conhecimento da cultura e da história [...] da organização" (Macêdo et al., 2013:168);

❑ acompanhamento – por sua característica dinâmica e de resistência ao processo de transformação de natureza pessoal e interpessoal considerado na metodologia, a mudança deverá acontecer ao longo do tempo. Entretanto, deveremos considerar que, em alguns casos, os empregados nas equipes harmoniosas podem começar a divergir quanto às práticas e rotinas cotidianas ocasionando, possivelmente, uma redução da produtividade.

Dessa forma, é imprescindível o diagnóstico das insatisfações e dos questionamentos de membros da equipe que geram a queda de desempenho, com vistas a atender às demandas emergenciais, recuperar o moral, dinamizar e revitalizar o espírito de equipe, eliminar a apatia e apaziguar os conflitos. Enfim, o programa de *team building* busca a formação de equipes mais eficientes e eficazes para a organização.

As propostas de aplicação das técnicas de dinâmicas no *team building* devem ser adaptadas para os objetivos específicos a serem alcançados pela equipe, como melhoria de qualidade e da produtividade, entrosamento da equipe e atendimento de demandas específicas. A participação dos empregados deve ser de natureza voluntária nos encontros e debates a respeito de temas críticos, como resolução de conflitos e a metodologia a ser aplicada para o melhor desempenho da equipe. Portanto, deverá ser considerada a disponibilidade interna dos mesmos no tratamento dos conflitos, antevendo a necessidade de lidar com situações emocionais e lembranças indesejáveis decorrentes das interações cotidianas.

Caro leitor, para ilustrar veja o caso de um empregado que trabalhou na área administrativa logo no início de sua carreira, não possuía um bom relacionamento com sua gerente e, como consequência, não estava motivado e não apresentava um bom desempenho. A direção da organização, que confiava em seu potencial por meio de um programa de *job rotation*, o transferiu para uma equipe de projeto, recém-estruturada para atender a um contrato importante. Lá o funcionário começou a apresentar um excelente desempenho.

Passados alguns meses, sua antiga gerente foi transferida para a mesma equipe, agora não mais como gerente funcional, mas sim como integrante da equipe. Bastou a presença dela para despertar lembranças desagradáveis no empregado, culminando na redução de seu desempenho profissional e no desejo de não permanecer na equipe.

Para conduzir situações dessa natureza é que o *team building* se constitui como uma eficaz ferramenta para lidar com as questões de ordem interpessoal que são geradoras de queda de desempenho das equipes nas organizações.

Muitas vezes, tais situações ocorrem devido à ausência de um maior conhecimento entre os integrantes das organizações. Eles – fisicamente juntos, porém psicológica e emocionalmente isolados –, quando colocados em situações desafiadoras e que requerem cooperação mútua, articulação e integração por meio de tarefas colaborativas, acabam não sabendo como agir. Além disso, quando não há o estabelecimento de laços de confiança pessoal e profissional, bem como o conhecimento das qualidades e defeitos de cada um, isso pode resultar em uma diminuição do nível de tolerância às idiossincrasias de cada componente da equipe.

O *team building*, em suas técnicas de dinâmicas de grupo, preconiza uma proposta de integração entre os participantes e de suas práticas, de forma a entusiasmar e estimular a equipe com vistas à sua harmonia, busca de produtividade e de efetividade. Tais técnicas contemplam desde exercícios, jogos, até atividades em grupo e dramatizações, que simulem situações de desafios e problemas específicos ou genéricos de uma organização. Esses recursos se valem de um contexto lúdico-emocional, muitas vezes desenvolvido fora da organização em formato mais descontraído.

Por exemplo, uma técnica de dinâmica de grupo como uma competição do tipo "a busca ao tesouro" entre equipes funcionais de uma organização pode estimular a integração dos componentes, o desenvolvimento de raciocínio coletivo e a geração de soluções compartilhadas, muitas vezes se valendo de dicas e pistas com base em figuras, personagens, cenários, objetivos e metas reais e inerentes à própria organização.

Os principais temas que devem contemplar os exercícios, jogos, treinamentos ou outros recursos das dinâmicas em grupo são:

❏ comunicação – visa ao entendimento das linguagens individuais e coletivas que permearam a construção dos protocolos de comunicação na equipe; permite ajustar as diferenças de ideias e as perspectivas individuais; estabelece transparência de propósitos e clima de amizade, conforme Tonet e colaboradores (2009);

❏ objetivos e metas – visam promover o entendimento e a clareza de onde se pretende chegar e como fazê-lo. Estabelece os desafios, senso de oportunidade e entusiasmo para vencê-los;

- contexto das atividades – visa estabelecer a ambiência que permeia os desafios; demarca as fronteiras, os limites e o contexto em que a equipe se insere;
- comprometimento – visa estimular a integração e a cumplicidade dos componentes das equipes; cultiva sentimento de lealdade e solidariedade;
- reconhecimento – visa estabelecer um senso de estímulo e proliferação de autoestima nos níveis individual e grupal pelas conquistas e atingimento de metas;
- competências – visa estimular de forma sinérgica a utilização dos talentos e competências individuais para a construção de resultados coletivos em um ambiente estimulante e desafiador;
- colaboração – visa promover uma cultura de desenvolvimento de atividades no cotidiano da organização, com base no trabalho em equipe, que darão suporte e estímulo ao desenvolvimento de competências no nível individual, de acordo com Dollen, Hacker e Aken (2006).

A proposição do *team building* contempla: a consolidação do senso de pertencimento dos participantes da equipe; a percepção de que os mesmos fazem parte de algo maior do que as respectivas abrangências individuais; o amplo entendimento da missão e o propósito da equipe dentro dos objetivos organizacionais, que podem colaborar na transformação das equipes em EADs, e também essas em uma forte alavanca para o atingimento de um alto desempenho das organizações.

A próxima seção apresentará um planejamento de ações a serem realizadas visando proporcionar um maior grau de alavancagem no processo de melhoria contínua das equipes de alto desempenho.

Plano de ação para a melhoria do desempenho de equipe

Caro leitor, até aqui visitamos muitos conceitos e conteúdos relacionados ao trabalho em equipe, mais especificamente equipes de alto desempenho. Juntos, já construímos uma base de conhecimento que nos permite afirmar que o caminho até esse *status* não é fácil. Ao contrário, o percurso é vivenciado a partir do desenvolvimento das relações entre os participantes do grupo que posteriormente se transformará em equipe e, se efetivamente conduzida, em equipe de alto desempenho.

Entretanto, como percebemos, para alcançarmos e mantermos um nível de alto desempenho na equipe, será exigida dos participantes uma entrega, cujos ingredientes adaptabilidade, flexibilidade, doação, confiança e cumplicidade serão imprescindíveis para o atingimento desse objetivo.

Vários autores apontam para uma previsibilidade desse caminho de crescimento e, com base nesses estudos, foi desenvolvido por Cunha (2012b) o método integrador para gestão de grupos (Migg), com a finalidade de estruturar planos de ação na coordenação de grupos, a partir da observação do comportamento de indivíduos em suas relações grupais.

Bases sólidas para a formação desse método foram proporcionadas pelos estudos de Kurt Lewin, o criador do termo "dinâmica de grupo". Ele postula duas formas de trabalhar com grupo. Uma é a que ele chama de *psicogrupo*, em que se trabalham relatos trazidos pelos participantes e as relações que vão surgindo nesse grupo. A outra forma é o *sociogrupo*, no qual o coordenador está preocupado apenas com o desenvolvimento de conhecimentos, habilidades e aptidões por meio de conteúdos programáticos.

Outra grande influência para a construção do Migg foi a teoria das necessidades interpessoais de William Schutz. Esse autor, por meio de observação e experimentação, elabora sua teoria com base na pesquisa dos fenômenos que ocorrem nos processos intragrupais. Schutz postula fases e fenômenos previsíveis para o desenvolvimento dos grupos durante seu processo de amadurecimento, com o objetivo de atingirem, no futuro, o *status* de equipe.

O termo método pode trazer uma conotação de algo distante do cotidiano. Entretanto, essa percepção não está de acordo com a realidade. Os indivíduos são naturalmente observadores e questionadores, e buscam sempre esclarecer suas dúvidas e inquietudes por meio de reflexões que os levem a um método.

A palavra integrador, escolhida para a sigla do Migg, diz respeito à conexão entre o processo – necessidades explicitadas pelos participantes no desenvolvimento grupal – e os conteúdos – temas a serem abordados. Nesse contexto, é importante estarmos atentos a essa grande engrenagem interdependente, cujas partes precisam ser facilitadas pelo gestor, de forma que ela gire em prol do crescimento dos participantes e da equipe. Portanto, sempre será necessário estarmos conscientes das partes que movem essa engrenagem, por exemplo, as fases de grupo, as necessidades e os relatos dos participantes, os conteúdos, os recursos e as técnicas a serem utilizadas. Cunha (2012b) intitulou essa forma de trabalhar de "psicossociogrupo".

O MIGG abrange as etapas pertencimento, dominação e disponibilidade. Essa divisão facilita o planejamento, além de servir de guia para a coordenação e avaliação das diversas situações grupais. Nessa estrutura, o coordenador pode se preparar para a observação do desenvolvimento do grupo, seja em um curso, *workshop* ou criação e execução de um projeto.

O planejamento dividido em períodos norteia a eleição dos conteúdos e determina que tipos de recursos o responsável pela coordenação utilizará, distribuindo-os em três etapas, com frações temporais distintas, como pode ser visto na figura 4.

Figura 4

MÉTODO INTEGRADOR PARA A GESTÃO DE GRUPOS (MIGG)

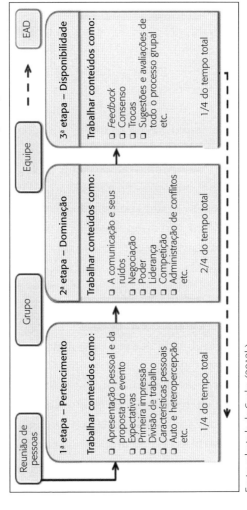

Fonte: adaptada de Cunha (2012b).

Para ilustrar, vejamos a seguinte situação: em um curso de 12 horas, o coordenador, no seu planejamento, deverá dividir o tempo total em quatro, sendo que a segunda etapa – dominação – deverá durar seis horas, o dobro do tempo de cada uma das outras etapas.

Entretanto, no decorrer do curso, os tempos poderão ser flexibilizados de acordo com a observação do processo do grupo realizada pelo coordenador, em função das reações dos participantes às tarefas propostas.

Portanto, um plano de ação não é uma camisa de força, e sim um instrumento de apoio ao trabalho do coordenador, que poderá utilizá-lo sempre que estiver à frente de um grupo na gestão de um trabalho. Como um excelente chefe de cozinha tem suas receitas e o passo a passo para realizá-las – e quase sempre busca aperfeiçoá-las –, um coordenador deve ter um plano de ação para conduzir os participantes de seu grupo à melhoria contínua e, consequentemente, ao alto desempenho.

Primeira etapa – pertencimento

Na primeira etapa do Migg, o gestor visa estimular nos indivíduos um sentimento de pertencimento ao grupo por meio de trabalhos em duplas ou trios, possibilitando as primeiras interações e a criação dos primeiros vínculos.

Para auxiliar no desenvolvimento dessa etapa, deverão ser planejados e executados exercícios com conteúdos como: apresentação das pessoas e da proposta do evento, expectativas, primeira impressão, trabalho com os nomes dos participantes, características pessoais, autopercepção e heteropercepção. Tais temas atendem às necessidades dessa etapa, dando aos participantes do grupo a possibilidade de falar sobre seus conhecimentos, sobre si mesmos ou sobre o conteúdo do programa. Se cada participante do grupo consegue ser incluído adequadamente, todos se sentirão atendidos, acolhidos e reconhecidos, em suas individualidades, pelo coordenador e pelo grupo.

Para ilustrar, imaginemos uma empresa em que um grupo de aprendizes da área de TI acaba de ser integrado ao departamento e é colocado diretamente para trabalhar, com poucas instruções sobre suas tarefas. O sentimento de desorientação, somado ao medo de cometer erros, acaba criando uma barreira psicológica e um clima pouco agradável para o desenvolvimento do trabalho. Tal ambiente surge porque não existe uma recepção adequada do grupo, na qual deveria ser explicitada a proposta que a organização tem para ele, assim como as expectativas que a mesma possui acerca desse momento.

Portanto, percebemos que nessa etapa o gestor deverá criar uma atmosfera de acolhimento para uma identificação entre os novos contratados e o grupo preexistente no setor para o qual foram admitidos, o que poderá ser realizado por meio de uma apresentação formal, promovendo, dessa forma, o inicio de uma interação positiva.

Segunda etapa – dominação

Na segunda etapa do Migg ocorrem os fenômenos grupais mais fortes, com disputas mais acirradas pelo poder, e de grande relevância para o desencadeamento do processo grupal. Nesse momento o coordenador deve estar aguardando, conscientemente, as questões que surgirão do grupo, tais como confrontações, conflitos, competições pela liderança, além do desejo de predominar sobre os outros integrantes e até mesmo sobre o coordenador.

Imaginemos a seguinte situação: em um curso sobre liderança, ministrado por um consultor dentro de uma organização, esse percebe que parte do grupo se mantém disperso em todas as atividades apresentadas. Na evolução de uma dessas atividades, um dos participantes da parcela desinteressada declara que não aprendeu nada até aquele momento. Tal situação exemplifica uma confrontação que exigirá habilidade do gestor para que não se deixe envolver por esse estímulo agressivo e não responda emocionalmente, de forma negativa, ao embate.

Para Cunha (2012b), a melhor postura a ser adotada pelo coordenador é a aceitação e entendimento desse momento, um período previsível e fundamental para o crescimento grupal. Não cabe ao líder esperar qualquer tipo de reconhecimento ou valorização de seu trabalho nessa etapa, pois ela se caracteriza por condutas de contestação.

Na etapa de dominação, a autora aconselha usar técnicas que permitam trabalhar conteúdos como comunicação e seus ruídos, valores pessoais, cooperação, negociação, poder, liderança, processo decisório, competição e administração de conflitos. No evento, os temas acordados funcionam como uma indicação para o trabalho efetivo dos conteúdos que serão apresentados. Contudo a vivência de algum conteúdo não solicitado durante o programa pode ser planejada em forma de técnica ou jogo para dinamizar o evento, como explicitado a seguir.

Em determinado *workshop* sobre avaliação de desempenho, não houve solicitação para que se trabalhasse o conteúdo de negociação, porém o coordenador pode escolher uma técnica que exija dos participantes uma vivência de negociação; ou em um curso, no qual não foi incluído o conteúdo liderança, ele pode utilizar técnicas que propiciem o surgimento de líderes situacionais.

Essa etapa – dominação – poderá ser mais amena na medida em que o gestor escolha técnicas adequadas durante o desenvolvimento dos fenômenos grupais. Para que essa opção seja vitoriosa, ele deverá ter pleno conhecimento do processo e da sinergia grupal. Também cabe a ele verificar, de etapa em etapa, se o desenvolvimento do processo grupal está de acordo com suas previsões e planos. Tais momentos de averiguação são fundamentais para repensar sua postura e suas intervenções já que, para que ele consiga um perfeito encaixe entre as peças – etapas, conteúdos e recursos –, é necessária uma postura de questionamento e investigação, criando uma rotina de diagnósticos do processo que vem sendo vivido pelo grupo, especialmente no momento de troca de uma etapa para outra.

Para ilustrar essa condição, imaginemos a seguinte situação: em uma organização, uma consultora foi contratada para realizar um curso com carga horária de 16 horas-aula divididas em dois dias, a fim de aprimorar as relações interpessoais. Nas primeiras quatro horas foram apresentados o programa do curso, o levantamento de expectativas, os participantes e suas características pessoais. Ao final da primeira etapa – pertencimento – foi utilizada uma técnica para diagnosticar o clima entre os participantes. A consultora identificou que já existia uma sensação de adesão ao trabalho por parte dos membros e integração entre eles. Somente a partir dessa constatação os trabalhos da segunda etapa – dominação – foram iniciados.

Portanto, a etapa de dominação exigirá do gestor muita flexibilidade, autocontrole e conhecimento do processo grupal. Cada coordenador necessita encontrar seu próprio estilo para lidar, de forma equilibrada, com esses fortes fenômenos grupais. Segundo Cunha (2012b), esse é o momento menos adequado para o gestor refutar, contra-argumentar ou criar barreiras na comunicação com o grupo ou com um participante em particular.

Terceira etapa – disponibilidade

Na terceira etapa do método – a de disponibilidade –, cada participante já estará mais maduro para acolher os *feedbacks* do gestor e dos demais. Nesse momento, ocorrem diálogos mais profundos.

Com os fenômenos de competição, poder e autoridade resolvidos, deverão surgir relações autênticas entre os integrantes, com permissão para conversarem sem rodeios e desconfianças. Aqui Cunha (2012b) sugere que o gestor aborde os conteúdos *feedback*, consenso, tomada de decisão e avaliação da vivência do processo grupal. Essa conduta deverá levar em conta o grau de cumplicidade e afetividade que o grupo conquistou.

Nesse momento, em que os indivíduos compartilham uma relação mais intimista e de confiança, o gestor deverá propiciar condições para que essa situação se mantenha e se aprofunde. Para tal, poderá delegar autoridade e permitir uma participação maior dos colaboradores na tomada de decisão. Nessa etapa, os colaboradores já conseguem perceber a importância do gestor na evolução do grupo para a equipe.

Para ilustrar, tomemos o seguinte exemplo: uma indústria, que trabalha com atividade ininterrupta, sofre uma parada em sua linha de produção, e todas as soluções já testadas e utilizadas não resolvem o problema. O gestor reúne então sua equipe e abre uma sessão de *brainstorming* para listar novas soluções. A seguir, seleciona as melhores ideias e a equipe parte para a ação, que resulta em êxito. Essa vitória demonstra que os funcionários já possuem suficiente maturidade e convivência para escutar, respeitar as ideias dos outros e dialogar com o gestor em busca da solução desejada.

Casos especiais – quarta etapa: ação

Em casos especiais podemos planejar uma quarta etapa: a ação. Essa etapa do Migg só será incluída em um planejamento se o grupo a ser trabalhado tiver de criar, em conjunto, um projeto, documento ou proposta de ação. Seu conteúdo deverá ser, portanto, a concretização de uma tarefa grupal. Essa realização é um grande apoio em programas, eventos e treinamentos que necessitem apresentar um resultado final real.

Vejamos o seguinte exemplo: um grupo está sendo trabalhado em suas relações interpessoais para que, ao final do curso, possa confeccionar um manual de operações. Nesse caso, o tempo total do trabalho será dividido assim:

1ª etapa – Pertencimento: 1/5 do tempo total.
2ª etapa – Dominação: 2/5 do tempo total.*
3ª etapa – Disponibilidade: 1/5 do tempo total.
4ª etapa – Ação: 1/5 do tempo total.
* Atenção: a segunda etapa sempre terá peso 2.

Ao criar um planejamento baseado nas quatro possíveis etapas do MIGG – pertencimento, dominação, disponibilidade e ação –, o gestor deve estar atento à leitura do processo do grupo. Durante todo o desenvolvimento, deve estar alerta para diagnosticar se o que foi planejado se mantém adequado ou contraditório em relação ao momento do grupo, como relatado no exemplo a seguir.

Na aplicação de uma técnica para o recrutamento de um profissional, o gestor entrega aos participantes uma cartolina branca e pede a cada um que faça um desenho livre, sendo que a área do papel será um espaço de uso comum do grupo. Ocorrem vários tipos de posturas. Alguns começam o trabalho independentemente dos demais; outros interferem nos desenhos dos colegas; existem aqueles que não colaboram e outros que tentam liderar a tarefa com uma proposta única e consensual.

Essa técnica de desenho grupal indicará se o grupo já tem maturidade para realizar uma ação em conjunto. A forma como o grupo desempenhará essa tarefa dará subsídios para o diagnóstico do processo grupal. Uma técnica que inclua a participação de todos os componentes do grupo poderá indicar sinais de lideranças, de conflitos de poder ou de imaturidade.

Se os participantes do grupo já responderam às suas necessidades interpessoais presentes nas três etapas – pertencimento, dominação e disponibilidade –, estarão em condição de vivenciar o que havia sido planejado para a etapa de ação. O acompanhamento desses caminhos proporciona ao coordenador informações que mostram se seu planejamento coincide com o que o grupo conseguirá realizar.

O gestor deve ter consciência do processo que emerge das relações grupais, já que estas sempre apresentam algo novo. Isso vale até para o mais experiente dos coordenadores. Ele deverá recordar que cada grupo é um grupo e deve ser respeitado em sua identidade grupal.

Depois de apresentar as etapas que compõem o método integrador de gestão de grupo (Migg), Cunha (2012b) ratifica a importância dessa proposta de uso do método em cursos, acompanhamento de projetos e implantação de mudanças organizacionais, ou seja, em diversas situações que envolvam o desenvolvimento de grupos.

Cuidar da qualidade da comunicação, evitando suas barreiras e ruídos, é uma ação fundamental na gestão de equipes. Alinhar os integrantes para a conformidade do plano estratégico da empresa pode ser o grande diferencial para o alto desempenho. Nossa próxima seção irá abordar como monitorar o desempenho de uma EAD para garantir que os resultados almejados sejam atingidos. Vejamos como isso é possível.

Indicadores para o monitoramento de resultados

Uma fábula africana conta que todos os dias, ao acordar, os veados pensam que, se quiserem ficar vivos, não poderão ser mais lentos que o mais rápido dos leões. Todos os dias, ao acordar, os leões pensam que, se quiserem sobreviver, terão de comer e, para isso, deverão correr mais rápido que o mais lento dos veados. Como toda fábula tem sempre uma moral da história, essa nos faz lembrar que todos os dias, ao acordar, não importa se você é um veado ou um leão, mas se quiser sobreviver, é melhor começar a correr. Analogamente ao mundo animal da luta constante pela sobrevivência, vemos hoje no mercado uma verdadeira lei da selva pela sobrevivência das empresas. A despeito de sermos mais de 7 bilhões de habitantes no planeta e valorizarmos uma cultura quase mundial pelo consumo, não parece haver espaço para tantas instituições produtoras de bens e serviços.

Vimos que as empresas que possuem uma política de gestão de pessoas voltada para a formação de EADs têm mais chances de se destacar no cenário competitivo. Mais do que o incentivo a esse padrão de trabalho, é necessária uma efetiva implantação do modelo. Mas será que um projeto de formação de EAD se conclui quando os profissionais que fazem parte dessa equipe atingem o padrão comportamental típico de atividade de alta performance? Estamos certos de que a resposta negativa deve ser bastante considerada, por dois motivos. O primeiro deles é o fato de que a construção de uma EAD não é exatamente um projeto que, por definição, é uma ação estratégica com um tempo determinado para acabar. Formar uma EAD é um processo e, como tal, merece constante acompanhamento de suas etapas de desenvolvimento. Em segundo lugar, e quase como uma consequência direta da argumentação anterior, temos por obrigação considerar também que esse processo não se conclui. Ao contrário, o desafio de manter constante aquele desejável padrão de excelência é a fase mais longa e, provavelmente, a mais difícil na gestão de equipes de alto desempenho.

Tal como os leões e os veados da fábula narrada, a luta para estarmos ativos e competitivos no mercado requer dos gestores uma estratégia para que as decisões corretas sejam tomadas. Em uma simples sequência lógica de raciocínio, podemos considerar que, para que tais decisões sejam tomadas, é necessário ter informações, as mais precisas possíveis. Para que possamos ter informações estratégicas, precisamos gerenciar os processos sobre seus andamentos, incluindo as melhorias e as quedas de resultados. A questão, então, nos conduz para a clareza de que só conseguimos gerenciar aquilo que monitoramos em dados concretos. A objetividade do sistema de mensuração torna-se real quando usamos ou criamos um conjunto de indicadores confiáveis que possam retratar quantitativamente ou qualitativamente os resultados apresentados em um processo. Em resumo, temos o seguinte esquema, representado na figura 5.

Figura 5
GESTÃO ESTRATÉGICA DE INDICADORES, PROCESSOS E DECISÃO

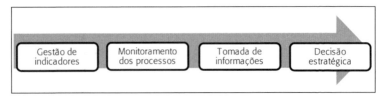

Para que não passe despercebida uma questão fundamental em gestão de processos, deve-se considerar com absoluta relevância que, embora a figura anterior nos remeta a uma linha de sequência temporal, o processo deve ser entendido como uma atividade cíclica. A gestão dos indicadores permite criar e implantar as ferramentas de controle; o monitoramento irá coletar e registrar as medidas geradas pelos indicadores; o acompanhamento dos dados trará as informações que irão permitir as melhores decisões; essa ação estratégica deverá ser monitorada com os antigos ou novos indicadores para que se obtenham informações atualizadas. A rotina constante desses procedimentos permitirá a busca da excelência e da melhoria contínua dos sistemas, retroagindo aos indicadores, num mecanismo típico de *feedback* em gestão de qualidade.

Se as linhas anteriores fizeram você lembrar programas típicos de gestão de qualidade, isso não foi uma mera coincidência. Modelos como o PDCA (planejar-executar-verificar-agir, que vem do inglês: *plan-do-check-act*) ou o modelo de gestão estratégica BSC (*balanced scorecard*) criado pelos professores da Harvard Business School são, em sua essência, modelos de gestão de desempenho voltados para a excelência da qualidade. Não é exagerado, portanto, percebermos na gestão das atividades de uma EAD estreita semelhança com os modelos de gestão da qualidade de processos. Alguns modelos clássicos aplicados nas empresas como controle de qualidade têm sido adaptados para gerenciar equipes e outros programas em gestão de pessoas.

De certo modo, podemos identificar alguns tipos de indicadores que contemplam as necessidades gerais de monitoramento. Independentemente do fato de eles divergirem quanto à objetividade com que medem os dados, todos eles tornam-se fundamentais para o processo de gestão do desempenho de equipes. Basicamente, três tipos de indicadores podem ser elencados: indicadores operacionais, de resultado e de processo. O quadro 6 ilustra o que estamos apresentando.

Quadro 6
INDICADORES DE DESEMPENHO PARA EQUIPES

Tipos de indicadores	Exemplos de indicadores
Operacionais	Número de clientes atendidos em um dia de trabalho. Número de máquinas consertadas no setor de manutenção. Número de peças produzidas por pessoa no turno de oito horas.
De resultado	Nível de satisfação dos clientes atendidos pela empresa. Percentual que representa a redução dos custos da produção. Quantidade de produtos devolvidos à fábrica por falha.
De processo	Nível de percepção de melhoria do clima organizacional. Frequência de conflitos ocorridos na equipe. Taxa de participação dos profissionais no programa de T&D.

Cronbach (1996:63) provoca-nos ao desafio da mensuração do comportamento humano ao afirmar que "Se alguma coisa existe, ela existe em certa quantidade; e se existe em certa quantidade, ela pode ser medida". Um gestor mais cético poderia argumentar que a mensuração de indicadores objetivos é fácil de se entender; mas medir coisas intangíveis, como o comportamento humano ou organizacional, poderia ser considerado algo quase impossível. Nesse mesmo sentido, Hubbard (2009) discorda da tese segundo a qual alguns processos empresariais não podem ser medidos. Argumenta o autor, já no título da publicação, que qualquer coisa pode ser mensurada, e que aspectos como satisfação do cliente, nível de comprometimento dos profissionais ou risco de um projeto tecnológico não podem ser considerados à luz do mito da medida impossível.

Talvez a discussão mais importante que se possa fazer em relação à mensuração do desempenho de uma equipe não esteja voltada para a escolha dos indicadores, mas sim para o método de abordar a medida. Não temos dúvidas de que performance pode ser objetivamente avaliada. A pergunta mais pertinente nesse processo deixa de ser "é possível avaliar?" ou ainda "o que avaliar?" e passa a ser "como avaliar?". Para elucidar essa questão recorreremos a um conceito psicopedagógico que tem sido avaliado com ênfase crescente nas políticas de gestão de pessoas para práticas de *feedback* e de medidas de desempenho. Trata-se da avaliação ipsativa.

Avaliação ipsativa das EADs

A palavra ipsativa tem origem no latim e faz referência às coisas que são "do eu". Um método ipsativo é que aquele que toma como parâmetro o próprio sistema e sobre ele infere as mudanças ocorridas. Realizar uma avaliação ipsativa é identificar as diferenças na mensuração atual, em relação às anteriormente realizadas para o mesmo sujeito, seja ele um indivíduo, uma equipe ou uma organização.

Para tornar o conceito mais claro, vamos explicar com um exemplo prático. Geralmente, quando avaliamos o desempenho de alguém, tentamos comparar o que essa pessoa fez com aquilo que outra pessoa apresentou. Comparamos nossa nota em uma prova com a nota obtida por um colega; comparamos a capacidade de persuasão de um líder com a capacidade de outros líderes; comparamos a renda que obtivemos numa campanha de venda com a renda obtida pelo nosso concorrente (avaliação comparativa). Seria esse um método mais adequado para se avaliar o desempenho de alguém?

O modelo oposto ao da avaliação comparativa, citada nos exemplos acima, é o da avaliação ipsativa. Se buscamos uma avaliação verdadeiramente útil, sobretudo para uma EAD, devemos optar preferencialmente por avaliações ipsativas e não pelas comparativas. Na prática, o método significa avaliar o desempenho de uma pessoa tendo como parâmetro o desempenho dela mesma, em um momento anterior. Isso permitirá concluir se essa pessoa evoluiu ou regrediu em seu desempenho pela diferença entre a medida atual e a medida registrada antes. Ao contrário, temos por hábito avaliar alguém comparando o com outros. Em gestão de pessoas, deve ser considerado se um profissional melhorou ou piorou sua performance. Considerar que ele está abaixo da média de produtividade dos demais colegas pode ser uma medida ilusória, além de ter um impacto altamente nocivo na motivação. Analise, no quadro 7, o caso fictício, e julgue você mesmo a eficácia de uma avaliação ipsativa.

Quadro 7
DESEMPENHO DE TRÊS EQUIPES

Três equipes foram avaliadas em seus resultados numa campanha de vendas de ovos de Páscoa em supermercados de três cidades diferentes. Essas mesmas equipes trabalharam nessa campanha no ano de 2012 e 2013. Os resultados podem ser resumidos na tabela abaixo:

Equipe	Vendas em 2012 (R$)	Vendas em 2013 (R$)
Alfa	900.000,00	800.000,00
Beta	500.000,00	500.000,00
Gama	200.000,00	400.000,00
Total ano	1.600.000,00	1.700.000,00

A empresa Chocolate Daquelle resolveu premiar uma das equipes tendo como critério a que melhor contribuiu para a atual diretriz política de expansão do negócio. Foi necessário elaborar um modelo meritocrático de avaliação de desempenho de equipe que pudesse indicar aquela que obteve melhor performance.

Responda agora, com base nos dados do caso apresentado, às seguintes perguntas:

❏ Qual equipe vendeu mais na campanha do ano de 2013?
❏ Qual equipe foi mais estável em seus resultados?
❏ Qual equipe contribuiu mais para a política estratégica de expansão?
❏ Por fim, na sua avaliação, quem deve receber o prêmio de melhor equipe?

Em uma avaliação de cunho estritamente comparativo, a equipe Alfa vendeu mais do que suas concorrentes em 2013. A equipe Beta não foi a melhor, mas também não foi a pior. A equipe Gama teve, em 2013, o desempenho mais fraco entre as três. Nessa linha de raciocínio, o prêmio deve ser entregue, sem dúvida, para a equipe Alfa, que obteve o maior resultado, com um montante de R$ 800.000,00 nas vendas de 2013.

Tomemos agora o método ipsativo para avaliarmos o desempenho das três equipes. Como vimos, numa proposta ipsativa deve-se avaliar alguém, ou no caso uma equipe, tendo como referência seu próprio desempenho em momento anterior e não o desempenho das outras. A equipe Alfa teve em 2013 um desempenho pior do que em 2012 (800 mil contra 900 mil, respectivamente). A equipe Beta não mudou nada seu indicador de performance em venda nos dois anos. Por fim, a equipe Gama aumentou seus resultados em 100% (de 200 mil para 400 mil), quando analisado seu próprio desempenho nos dois anos. É inquestionável que os resultados apresentados pela Gama forem o que mais contribuiram para a diretriz política de crescimento do negócio. Ao contrário, Alfa teve desempenho oposto aos objetivos estratégicos da empresa. E Beta não apresentou nenhum crescimento, nenhum incremento de performance nos dois anos. Se considerarmos os resultados anuais (2012 = 1,6 milhão e 2013 = 1,7 milhão), rapidamente poderemos perceber que o aumento de R$ 100.000,00 veio das estratégias bem-sucedidas de vendas da equipe Gama. Por sinal, ela também cobriu o déficit provocado pela Alfa.

Premiar uma equipe como a Alfa, num modelo de avaliação comparativa, é uma atitude lógica. Contudo, é possível intuir que essa premiação irá desmotivar a equipe Gama na busca de um desempenho ainda maior nas próximas campanhas. O mercado, em suas práticas de avaliação comparativa, certamente daria o prêmio para a equipe Alfa. Muito provavelmente, a equipe Gama nem seria lembrada na festa de premiação, pois, afinal, vendeu metade do volume da equipe vencedora. Quanto vale o esforço de Gama em ter se superado com o dobro de resultado? As condições para vendas nos supermercados de diferentes cidades permitem avaliações comparativas? Tente responder novamente à pergunta sobre qual equipe deve receber o prêmio do ano.

Quando se pensa em gerir indicadores para o monitoramento de resultados em uma equipe de alto desempenho, deve-se ter em mente que esses profissionais têm um elevado nível de performance; são, por natureza conceitual e comportamental, autorreferentes. Compará-los com outras equipes não trará desafios para superação de seus resultados, posto que já devem ser os mais altos da empresa. Resta, por fim, conduzir práticas de gestão por metodologias de avaliações ipsativas, buscando motivá-los a superarem seus próprios limites já apresentados. Um grande atleta sabe que seu maior concorrente a ser vencido é ele mesmo. Caso contrário, correrá o risco de se manter mediocremente um pouco acima do segundo colocado.

> Dica: experimente realizar mais *feedbacks* ipsativos e menos avaliações comparativas. Você poderá se surpreender positivamente com os resultados.

Ao encerrarmos esta seção, bem como o último capítulo do livro, finalizamos também um processo fundamental para aqueles que se propõem à motivadora tarefa de ser um integrante, ou mesmo o gestor de uma EAD. Ressaltamos, contudo, que se trata de um grande começo e não de um fechamento de ciclo. Afinal, aprender a cuidar da qualidade da comunicação, das práticas de *feedback*, do alinhamento estratégico de equipes com os objetivos organizacionais, além de monitorar indicadores de desempenho são desafios rotineiros de um líder que nunca deve cessar seu processo de desenvolvimento pessoal e profissional.

Conclusão

Inúmeras foram as reflexões que nos acompanharam ao longo do processo de elaboração do livro sobre a construção de equipes de alto desempenho. Veja, leitor!

O mundo mudou, está cada vez mais competitivo, a globalização viabilizou aproximações territoriais que ofereceram inúmeras oportunidades de desenvolvimento e interações profissionais, levando as pessoas a se tornarem mais esclarecidas, mais exigentes e mais voláteis em seus hábitos de consumo e de fidelização de marca. Essa nova realidade demandou das empresas uma postura coerente com o novo contexto, valorizando as pessoas e buscando o resultado por meio do trabalho em equipe. Um ambiente mais competitivo exige equipes com desempenhos compatíveis com essa realidade, o que justifica a necessidade de conhecimentos nessa área, objetivo principal deste livro. É fundamental entender que o trabalho em equipe é uma vantagem competitiva e que os resultados organizacionais devem ser nosso norte ao desenvolvermos equipes de trabalho. Por isso é evidente a necessidade de identificarmos critérios de desempenho, a fim de buscar superá-los por meio de um acompanhamento sistemático. A partir daí, devemos administrar todas as variáveis para o alcance do alto desempenho.

As pessoas apresentam características próprias e competências que devem ser consideradas ao se formar uma equipe com um objetivo específico. A diversidade deve ser percebida como um diferencial a ser explorado, pois quando bem administrada pode resultar em desempenhos excelentes, especialmente quando se fala de criatividade e adaptabilidade às mudanças internas e externas às organizações. Para isso, a presença do líder nas equipes torna-se fundamental. Ele é o maestro da orquestra, que precisa identificar competências e definir papéis, inspirar e estimular a motivação e o comprometimento como forma de alavancar resultados e buscar performances promissoras. Uma equipe precisa de critérios bem estabelecidos e de um acompanhamento constante, realizado pelo líder, com o foco nos objetivos estratégicos e com um plano de ação condizente com o potencial da equipe e com o contexto organizacional.

Para exemplificar, vale ressaltar a própria experiência das oito mãos dos quatro autores, que atuaram como uma equipe para concretizar esta obra. A melhor forma de entendermos a teoria é nos permitirmos colocá-la em prática, e assim o fizemos, e aprendemos ao buscar promover a aprendizagem.

Vivenciamos cada assunto abordado, somos uma equipe com características ímpares, que favorecem nossa complementaridade pela diversidade que permite o compartilhamento de conhecimentos e percepções, resultando no melhor que podemos ser, buscando no acervo bibliográfico o respaldo necessário para deixarmos nossas contribuições. Para iniciarmos, fizemos acordos baseados no comprometimento e motivados com o desafio do legado de um assunto de tanta magnitude para as organizações que almejam o sucesso em termos de performance. Planejamos nosso tempo, criamos nossas rotinas e indicadores para monitorar nossos resultados e identificamos nossos papéis na equipe, de acordo com a identificação das nossas competências. A comunicação aconteceu de forma sinérgica, minimizamos suas barreiras e estimulamos seus facilitadores. O *feedback* aconteceu o tempo todo, sempre marcado pela preocupação em não afetar a autoestima do outro, grande motivador em qualquer desafio lançado. Tivemos imprevistos, que foram compreendidos e administrados com foco no objetivo comum, que era o de criar esta obra e contribuir para algo maior, o sucesso das organizações e das pessoas que dela fazem parte.

Somos uma equipe que atingiu seu objetivo com o poder compartilhado. Avaliamos nosso desempenho de maneira satisfatória e brindamos o término desta etapa. Nossa recompensa será medida pelo quanto você, caro leitor, vai usufruir de tudo que discutimos aqui, abrindo-se para novos conhecimentos, reconhecendo antigos paradigmas e se permitindo mudanças na maneira de pensar e lidar com equipes que almejam resultados promissores. Desejamos um excelente desempenho para você e suas equipes. Que os resultados alcançados sejam sempre superados pela melhoria constante de todos os aspectos que envolvem o trabalho em equipe.

Referências

ALBERT, S.; WHETTEN, D. Organizational identity. In: NOME, C, M.; SCHULTZ, M. *Organizational identity*: a reader. Nova York: Oxford University Press, 2010.

ALLPORT, G.; VERNON, P. *A study of values*. Boston: Hougton Mifflin, 1954.

AMERICAN MANAGEMENT ASSOCIATION. *Como motivar para obter desempenho máximo*. Rio de Janeiro: Campus, 2000.

ASSAD, N. A. *As cinco fases da comunicação na gestão de mudanças*. São Paulo: Saraiva, 2010.

ASSEN, M.; GERBEN, B.; PIETERSMA, P. *Modelos de gestão*: os 60 modelos que todo gestor deve conhecer. 2. ed. São Paulo: Pearson, 2010.

BANDURA, A.; AZZI, R. G.; POLYORO, S. A. *Teoria social cognitiva*: conceitos básicos. Porto Alegre: Artmed, 2008.

BARBIERI, U. F. *Gestão de pessoas nas organizações*: a aprendizagem da liderança e da inovação. São Paulo: Atlas, 2013.

BECKER, B.; HUSELID, M.; BEATTY, R. *Equipes fora de série*: transformando talento em vantagem competitiva. Trad. Gerson Yamagami. Rio de Janeiro: Elsevier, 2009.

BOBINSKI, D. *Equipes movidas pela paixão*: como acabar com o subgerenciamento e conduzir todos na sua empresa a uma top performance. Trad. Patrícia Sá. Rio de Janeiro: Elsevier, 2010.

BONOTTO, F.; BITENCOURT, C. C. Os elementos das competências coletivas em grupos de trabalho: a experiência da Copesul. In: ENCONTRO DA ASSOCIAÇÃO NACIONAL DE PÓS-GRADUAÇÃO E PESQUISA EM ADMINISTRAÇÃO, 30., 2006, Salvador. Anais... Rio de Janeiro: Anpad, 2006.

BOOG, G.; BOOG, M. *Manual de gestão de pessoas e equipes*. São Paulo: Gente, 2002.

BORGES-ANDRADE, J. E.; ABBAD, G. S.; MOURÃO, L. (Org.). *Treinamento, desenvolvimento e educação em organizações e trabalho*: fundamentos para a gestão de pessoas. Porto Alegre: Artmed/Bookman, 2006.

BOYES, C. *Segredos profissionais*: segredos de comunicação pessoal. São Paulo: Fundamento Educacional, 2013.

BRUCH, H.; VOGEL, B. *Equipes 100% energizadas*: estratégias para maximizar resultados e gerar um ambiente saudável. Trad. Cristina Yamagami. São Paulo: Virgilae, 2011.

BUSTIN, G. *Accountability*: the key to driving a high-performance culture. [S.l.]: Mc Graw Hill, 2014.

CARDOSO, M. A. F. *Gestão de relações estratégicas interpessoais nas alianças corporativas (GRE)*: sinergia de valor na gestão integrada de RH. Dissertação (mestrado) – Programa de Pós Graduação em Administração, Universidade Metodista de São Paulo, São Paulo, 2008.

_____; MARDEGAN, F. As competências coletivas interorganizacionais nos ambientes de projeto: um estudo em empresas de telecomunicações. In: SEMINÁRIOS EM ADMINISTRAÇÃO, 13., 2010, São Paulo. Anais... São Paulo: FEA-USP, 2010.

CARNEGIE, Dale et al. *As cinco habilidades essenciais do relacionamento*: como se expressar, ouvir os outros e resolver conflitos. São Paulo: Companhia Editora Nacional, 2012.

CARROLL, N. R. *The communication problem solver*. Nova York: Amacom, 2010.

CASTRO, A. P. *Liderança motivacional*: como desenvolver pessoas e organizações, através do coaching e da motivação. Rio de Janeiro: Qualitymark, 2008.

COHEN, S. G., BAILEY, D. What makes teams work: group effectiveness research from shop floor to executive suite. *Journal of Management*, Oaks, v. 23, n. 3, p. 239-290, 1997.

COX JR., T. The multicultural organization. *Academy of Management Executive*, São Francisco, v. 5, n. 2, p. 34-17, 1991.

_____. *Cultural diversity in organizations*. San Francisco: Berrett-Koehler, 1993.

CRONBACH, L. J. *Fundamentos da testagem psicológica*. 5. ed. Porto Alegre: Artes Médicas, 1996.

CUNHA, N. M. M. O processo de grupo e o uso das tecnologias de comunicação e informação. In: CONGRESSO INTERNACIONAL DE EDUCAÇÃO: POLÍTICAS E PRÁTICAS EDUCACIONAIS, 4., 2012, Ponta Grossa, PR. *Anais...* Ponta Grossa, PR: ISAPG, 2012a.

_____. *Una propuesta metodológica a la gestión de los grupos*. Tese (doutorado) – Facultad de Ciencias Económicas, Universidad Nacional de Misiones, Posadas, 2012b.

DOLLEN, T.; HACKER. M.; AKEN. E. Organizational context of engineering team effectiveness. *Team Performance Management*, v. 2, n. 5/6, p. 38-54, 2006.

DURAND. Forms of incompetence. In: CONFERENCE OF MANAGEMENT OF COMPETENCE, 4., 1998, Oslo. *Proceedings...* Oslo: Norwegian School of Management, 1998.

DUTRA, J. S. (Org.). *Gestão por competências*. São Paulo: Gente, 2001.

ELY, R. J.; THOMAS, D. A. Cultural diversity at work: the effects of diversity perspective on work group processes and outcomes. *Administrative Science Quarterly*, Oaks, v. 46, p. 229-273, 2001.

ERVILHA, A. J. L. *Liderando equipes para otimizar resultados*. 3. ed. São Paulo: Nobel, 2008.

FLEURY, A. C. C.; FLEURY, M. T. L. *Estratégias empresariais e formação de competências*. São Paulo: Atlas, 2000.

FRISCH, Bob. *Como líderes eficazes estruturam e gerenciam equipes*: aprenda a construir times de sucesso. Rio de Janeiro: Elsevier/Campus, 2012.

GEILSER, Jill. *Como se tornar um ótimo chefe*. Tradução Ivo Korytowski. Rio de Janeiro: Sextante, 2013.

GOLEMAN, D. *Trabalhando com a inteligência emocional*. Rio de Janeiro: Objetiva, 1998.

GOMES, A. C. B. et al. *Gestão inovadora de pessoas e equipes*. Porto Alegre: Alternativa, 2007.

GREEN, P. C. *Desenvolvendo competências consistentes*. Rio de Janeiro: Qualitymark, 2000.

HANASHIRO, D. M. M.; QUEIROZ, R. C. O efeito da diversidade no desempenho dos times de trabalho: um trade-off entre homogeneidade e heterogeneidade. In: ENCONTRO DA ASSOCIAÇÃO NACIONAL DE PÓS-GRADUAÇÃO E PESQUISA EM ADMINISTRAÇÃO, 29., 2005, Brasília, DF. *Anais*... Rio de Janeiro: Anpad, 2005. v. 1, p. 1-15.

_____; _____. O efeito da diversidade nos times multifuncionais: um estudo na indústria automobilística. In: ENCONTRO DA ASSOCIAÇÃO NACIONAL DE PÓS-GRADUAÇÃO E PESQUISA EM ADMINISTRAÇÃO, 30., 2006, Salvador. *Anais*... Rio de Janeiro: Anpad, 2006. v. 1, p. 1-10.

HATCH, M.; SCHULTZ, M. The dinamics of organizational identity. In: HATCH, M.; SCHULTZ, M. (Coord.). *Organizational identity*. Nova York: Oxford University Press, 2010.

HUBBARD, Douglas W. *Como mensurar qualquer coisa*. Rio de Janeiro: Qualitymark, 2009.

KATZENBACH, J. R. *El trabajo en equipo*: ventajas y dificultades. Buenos Aires: Granica, 2008.

_____; SMITH, D. K. *Equipes de alta performance*: conceitos, princípios e técnicas para potencializar o desempenho das equipes. 8. ed. Rio de Janeiro: Elsevier, 2001.

KOTTER, J. P. *Afinal, o que fazem os líderes*: a nova face do poder e da estratégia. Rio de Janeiro: Campus, 2000.

LANCASTER, L.; STILMAN, D. *O y da questão*: como a geração y está transformando o mercado de trabalho. São Paulo: Saraiva, 2011.

LEME, R. *Feedback para resultados na gestão por competências pela avaliação 360º*: guia prático para gestores do "dar e receber" feedback e a transformação em resultados. Rio de Janeiro: Qualitymark, 2007.

LENCIONI, P. *The five dysfunctions of a team*: a leadership fable. São Francisco: Jossey-Bass, 2002.

LODEN, M.; ROSERNER, J. B. *Workforce America*: managing employee diversity as virtual resource. Homewood, IL: Irwin, 1991.

MACÊDO. Ivanildo Izaias de et al. *Gestão de pessoas*. Rio de Janeiro: FGV, 2013.

MACEY, W. H. et al. *Muito além do comprometimento*: como montar equipes que farão sua empresa chegar ao topo. Trad. Fal Azevedo. São Paulo: Gente, 2011.

MARRAS, J.; CARDOSO, M. A. *Nova gestão estratégica de pessoas*: gerando valor aos stakeholders. São Paulo: Saint Paul, 2013.

MAXWELL, J. C. *Teamwork 101*: what every leader needs to know. Nashville: Thomas Nelson, 2008.

MCCLELLAND, D. C. Testing for competence rather than inteligence. *American Psychologist*, Washington, DC, v. 28, n. 1, p. 1-14, jan. 1973.

MILLER, M. *The secrets of teams*: what great teams know and do. São Francisco: Berrett Koehler, 2011.

MOR BARAK, M. E. *Managing diversity*: toward a globally inclusive workplace.Oaks: Sage, 2005.

_____. Understanding of diversity and inclusion in a perceived homogeneous culture: a study of organizational commitment and job performance among Korean employees. *Administration in Social Work*, Los Angeles, v. 32, n. 4. p. 100-126, 2008.

_____; LEVIN, A. Outside of the corporate mainstream and excluded from the work community: a study of diversity, job satisfaction and well-being. *Community, Work & Family*, Los Angeles, v. 5, n. 2, p. 133-157, 2002.

MOSCOVICI, F. *Desenvolvimento interpessoal*: treinamento em grupo. 19. ed. Rio de Janeiro: José Olympio, 2010.

NELSON, B. *1001 maneiras de premiar seus colaboradores*. Rio de Janeiro: Sextante, 2007.

NOVO, D. V.; CHERNICHARO, E. A. M.; BARRADAS, M. S. S. *Liderança de equipes*. Rio de Janeiro: FGV, 2008.

PARREIRA, C. A. *Formando equipes vencedoras*: lições de liderança e motivação: do esporte aos negócios. Rio de Janeiro: BestSeller, 2006.

PASSADORI, R. *Quem não comunica não lidera*. São Paulo: Atlas, 2013.

PRAHALAD, C. K.; HAMEL, G. The core competence of the corporation. *Harvard Business Review*, Boston, v. 68, n. 3, p. 2-15, maio/jun. 1990.

RABAGLIO, M. O. *Seleção por competências*. 4. ed. São Paulo: Educator, 2001.

_____. *Ferramentas de avaliação de performance com foco em competências*. 2. ed. Rio de Janeiro: Qualitymark, 2006.

REVIEW, Harvard Business. *Como o líder pensa*. Rio de Janeiro: Elsevier, 2005.

ROBBINS, S. P. *Fundamentos do comportamento organizacional*. 8. ed., 4. reimp. São Paulo: Pearson Prentice Hall, 2011.

_____.; DECENZO, D. A.; WOLTER, R. *Fundamentos de gestão de pessoas*. São Paulo: Saraiva, 2013.

SANDBERG, J.; TARGANA, A. *Managing understanding in organizations*. Oaks: Sage, 2007.

SOUZA, M.; PUENTE-PALACIOS, K. Satisfação com o trabalho em equipe: qual o papel do autoconceito profissional? In: ENCONTRO DA ASSOCIAÇÃO NACIONAL DE PÓS-GRADUAÇÃO E PESQUISA EM ADMINISTRAÇÃO, 33., 2009, São Paulo. *Anais...* Rio de Janeiro: Anpad, 2009.

SVYANTEK, D. J.; BOTT, J. Received wisdom and the relationship between diversity and organizational performance. *Organizational Analysis*, Alburn, v. 12, n. 3, p. 295-317, 2004.

THOMAS, D. A.; ELY, R. Making differences matter. *Harvard Business Review*, Boston, set./out. 1996.

THOMAS JR., R. R. *Redefining diversity*. Nova York: Amacom, 1996.

THOMPSON, D. E.; GOOLER, L. E. Capitalizing on the benefits of diversity through workteams. In: KOSSEK, E. E.; LOBEL, S. *Managing diversity*: human resources strategies for transforming the workplace. Cambridge: Blackweel, 1996.

TONET, H. et al. *Desenvolvimento de equipes*. 2. ed. Rio de Janeiro: FGV, 2009.

TRACY, D. *10 princípios para o empowerment*: um guia prático para a delegação de poder e a energização de pessoas. Rio de Janeiro: Elsevier, 2004.

ULRICH, D.; SMALLWOOD, N. *Leadership brand*: developing customer-focused leaders to drive performance and build lasting value. Boston: Harvard Business School Press, 2007.

VECCHIO, R. P. *Comportamento organizacional*. São Paulo: Cengage Learning, 2008.

VERGARA, S. C. *Gestão de pessoas*. 14. ed. São Paulo: Atlas, 2013.

WAGNER, John A.; HOLLENBECK, John R. *Comportamento organizacional*: criando vantagem competitiva. Tradução Silvio Floreal Antunha. São Paulo: Saraiva, 2012. Título original: *Organizational behavior*: securing competitive advantage. 3. ed.

Os autores

Ana Ligia Nunes Finamor

Doutora pela Universidade de León, Espanha. Mestre em ciências do movimento humano pela Universidade do Estado de Santa Catarina (Udesc). Especialista em administração pela Universidade Luterana do Brasil (Ulbra) e em gestão empresarial pela Fundação Getulio Vargas (FGV). É bacharel em administração pela Ulbra. Coautora dos livros *Dinâmicas de grupo, histórias, mensagens, músicas, filmes e muitas atividades* e *Gestão de pessoas em saúde*. Ministra cursos, treinamentos, realiza consultoria para empresas e atua como professora convidada e coordenadora acadêmica em cursos MBAs em gestão empresarial e gestão de pessoas. Foi homenageada como destaque acadêmico em 2006, 2007, 2008 e 2009, e como coordenadora acadêmica em 2012.

Flavio Rodrigues Costa

Mestre em psicologia social, cognitiva e da personalidade pela Universidade Federal do Rio de Janeiro (UFRJ) e graduado em psicologia pela mesma universidade. Doutorando em psicologia organizacional pela Universidade Federal de Santa Catarina (UFSC). Coordenou o Programa de Pós-Graduação em Psicologia das Organizações e do Trabalho da Universidade do Sul de Santa Catarina (Unisul). É palestrante e consultor em programas de desenvolvimento de liderança de empresas públicas e privadas de médio e grande portes. Professor convidado de cursos *in company* e dos programas de MBA em Gestão de Pessoas, MBA em Gestão Empresarial e MBA em Gerenciamento de Projetos, entre outros, do FGV Management.

Marco Antonio Fernandes Cardoso

Doutor em administração de empresas pela Universidade Presbiteriana Mackenzie de São Paulo, mestre em administração de empresas pela Universidade Metodista de São Paulo, MBA em gestão empresarial na Fundação Getulio Vargas (FGV), especialista em administração de marketing pela Fundação Brasileira de Marketing, graduado em administração pela Faculdade Brasileira de Recursos Humanos, em engenharia elétrica pela Universidade Presbiteriana Mackenzie e em física pela Universidade de São Paulo (USP). Autor de artigos acadêmicos da área de gestão de organizações e de pessoas, apresentados em congressos nacionais e internacionais. Autor dos livros: *Capital-trabalho: o desafio da gestão estratégica de pessoas no século XXI*; *Gestão estratégica de pessoas: conceitos e tendências* e *Nova gestão estratégica de pessoas: gerando valor aos stakeholders*. Consultor da área de treinamento e ensino. Palestrante e professor convidado do FGV Management em cursos de pós-graduação em gestão empresarial, gestão de projetos e gestão de pessoas.

Neisa Maria Martins da Cunha

Doutora em administração pela Universidad Nacional de Misiones (Argentina). Mestre em psicologia social e psicóloga pela Universidade Gama Filho (Rio de Janeiro). Terapeuta com formação em psicodrama pela Sociedade de Psicodrama do Rio de Janeiro (SPRJ). Especialista e didata em dinâmica de grupo pelo Instituto Brasileiro de Psicanálise, Dinâmica de Grupo e Psicodrama (Sobrap-RJ). Qualificou-se em educação para adultos pela University of Central Florida (EUA). Gestora na área de RH em empresa multinacional. Ex-docente de universidades privadas e federal do Rio de Janeiro. Consultora e palestrante da área de gestão de pessoas para empresas de médio e grande portes. Atualmente, é diretora em empresa nacional. Professora convidada do FGV Management e do FGV Online. Conferencista em congressos nacionais e internacionais, possui artigo publicado em revista internacional. Coautora dos livros *Aspectos comportamentais da gestão de pessoas* e *Gestão de pessoas*.

Este livro foi impresso nas oficinas gráficas da Editora Vozes Ltda.,
Rua Frei Luís, 100 – Petrópolis, RJ.